覚えておきたい母の味

菊間　博子
栗原はるみ

覚えておきたい母の味

●目次

家庭料理の大切さを
教えてくれた母。
その懐かしい味を、
今、あらためて教えてもらいました。

私は、静岡県・伊豆半島の下田で、母の作る伝統的な和食を食べて育ちました。母の料理は、材料にもこだわり、みそ汁、煮魚、野菜の煮物、あえ物、酢の物、豆や海草を使った常備菜など、すべてに手間を惜しまない家庭料理で、それを長年作り続けています。

とくにぬか漬けやごまあえ、煮物などは、味に厚みがあって、私自身まだまだ母の味に追いつけそうにありません。

その味を、子どもの頃から食べていたからでしょうか。今、私が仕事で新しい味に挑戦したり、多少冒険できるのも、「母の味」がしっかりしていたからこそ、安心してできることなのだと思います。

「母の味」をあらためて覚えておきたいと思ったのは、数年前、季節ごとに親孝行を兼ねて下田に行くようになってからです。母に毎回、得意な料理を作ってもらうことにしました。「分量なんか量って作ってないから、レ

シピは出せない」、という母でしたが、一回ずつ一生懸命練習し、新たな工夫も加えて、懐かしいおいしい料理を作ってくれました。
一品ずつ、手間をかけてていねいに作ったおいしさと、毎日三度の食事を変わることなく続けてきた母のすばらしさは、誰もがまねできることではないと思います。母が家庭料理の大切さを身をもって教えてくれたからこそ、今の私がいるのです。
母と一緒に作ったこの本を、私の宝物にしたいと思います。

栗原はるみ

この本は季刊誌「栗原はるみ すてきレシピ」(扶桑社刊)の
③と⑫〜㉗から同名の連載を再構成してまとめました。
本書の料理は栗原はるみさんの母、菊間博子さんが調理したものです。
菊間さんはその都度自分の舌で確かめながら調味なさるので、
材料の分量、作り方などの詳しいレシピはほとんどありません。
作り方のコツなどは文章で、おおまかな手順は写真でご紹介していますので、
それを参考にしていただければ幸いです。
とくに表記がない場合、使用している砂糖は上白糖、油はサラダ油、ごまは白ごまです。
なお、使用した食器類はすべて菊間さんの私物です。

第一章

毎日の三食が元気のもと

父、菊間平五88歳、母、菊間博子80歳。雑誌やテレビで私の両親のことを見た人にふたりの年齢を明かすと、「えーっ、ほんと? お元気ですね」とみんなびっくりします。娘の私も感心するくらいほんとうに元気。病気らしい病気ひとつせず、私の生まれ育った静岡県・伊豆・下田の家でふたりで暮らしています。ふたりの健康の秘訣は、なんといっても規則正しい生活と食事にあります。ふたりとも昔から早起きでしたが、年々早くなって今では真冬でも4時起床、5時朝ごはんというから驚きです。お昼も晩ごはんも、ほとんど自宅で母の手料理を食べて、夜9時前にはやすみます。そんな生活を続けて数十年。おもてなしのごちそうでなく、家族と囲む普段のごはんを大事にする暮らし、繰り返される日々を送ることの大切さを、今あらためて父母の食生活から見てみたいと思います。

朝ごはん

おいしくきちんと朝ごはん。すべてはそこから始まります。

「朝ごはんがいちばんおいしいねえ」、母はいつもそう言います。ほかほかと湯気の上がる炊きたてのごはん、カツオだしの香り高いみそ汁、ほどよく漬かったぬか漬け、焼きたてのアジの干物、海草や豆を煮た常備菜。白いごはんにぴったり、ぜいたくではないけれど体によくてしみじみおいしい——実家の朝ごはんには日本人の食の原点があるような気がします。母は父とふたりの朝ごはんのために前の晩からだしをとり、お米をといで準備し、朝は4時に起きて洗濯などしながらごはんを炊き、干物を焼き、みそ汁を作って食卓を整えます。朝ごはん抜きという人が少なくない今、そんな生活を何十年も続けている父母の朝ごはんに見習うことは少なくありません。

豆腐のごま汁

実家の朝ごはんに欠かせないのが、みそ汁。中でもいちばん出番が多いのが、このごま汁ではないでしょうか。みそとごまは相性がいいし、具が少なくてもこくが出るので、私も市販の練りごまを使ってよく作ります。ごま汁は、普通のみそ汁のようにだし汁を火にかけてみそをとき入れ、それから練りごまを入れます。母はもちろん、ごまを炒るところから自分でやります。鉄鍋で焦がさないように炒って、すり鉢でねっとりするまでよく練ります。そこにみそ汁を入れ、筋目に入ったごまを洗うようによく混ぜます。それを鍋に戻し、ひと煮立ちさせたら、絹ごし豆腐を手でくずしながら入れます。これは中国式の精進料理、普茶料理からヒントを得た方法だとか。ごま汁には、さいの目に切るよりこのほうが不思議と合うのです。湯気とともに立ち上るごまの風味がすばらしく、眠気も吹き飛ぶよう。この1杯で元気が出て、今日も一日がんばるぞという気持ちになります。

何でも常に味を見ながら、少しずつ調味していきます。

みごとな手つきでアジを開く下田の魚屋さん。

ガス台にのせるタイプの魚焼き器を愛用しています。

①普通のみそ汁のように、だし汁にみそをとき入れる。

②すり鉢でごまをすり、その中に①を入れて混ぜる。

③ざるでこしながら②を鍋に戻し、ひと煮立ちさせる。

④豆腐を手でくずしながら、ごま汁の中に入れる。

結び昆布

朝の食卓に必ずといっていいほどあるおなじみの常備菜です。昆布は、たいてい北海道産の早煮昆布を使います。酒少々を加えた水に1時間ほど漬け、やわらかくなったら、左の写真くらいの幅に揃えて切って結びます。鍋に昆布と、漬けておいた水を入れ、ひたひたになるよう酒を加えて調整し、火にかけます。弱火でことこと約30分、やわらかくなるまで煮ます。早煮だからとせっかちに調味料を入れてはだめ。充分やわらかくなってからまず砂糖、そしてしょうゆを入れます。母は煮物を作るとき、私からすればかなり大胆に砂糖を使いますが、これがコツのよう。甘みをしっかりつけないと、しょうゆの辛さばかりが際立っておいしくないのです。砂糖をじっくり煮含ませてしょうゆで味つけした昆布はやわらかく、すっきりした甘辛さで、白いごはんがいくらでも食べられます。ほかは何も入れず昆布だけというのも、シンプルでなかなかいいものです。

①昆布はぬれぶきんで拭いて、約1時間水に漬ける。

②戻した昆布は折りたたんで、大きさを揃えて切る。

③長いまま結んでから、均等に切り離す。

④ひと手間かけて結ぶと、昆布だけでも立派な一品に。

⑤戻した水と酒で、やわらかくなるまで煮て調味。

今回使ったのは歯舞諸島でとれた早煮昆布。

ぬか漬け

「ぬかみそ臭い」ということばがありますが、母のぬか漬けは香ばしく色もきれい。きゅうり、大根、なす、にんじん、かぶなど、歯応えもよく、サラダのようにいくらでも食べられます。「一度だめにすると、もとどおりにするのが大変だから」と、一日2回朝晩欠かさずかきまわし続けているぬか床は、私が結婚する前から使っているもの。93ページでご紹介しているように、雑菌が入らないよう気を使い、手をかけていればこそのたまものです。

桜エビの甘辛煮

これも実家の朝ごはんの定番。母が愛用している桜エビは、静岡県・由比町から取り寄せている本場駿河湾のもの。桜エビはまず、ひげを取るため鉄鍋で空炒りします。枝豆でもそうですが、母は、口当たりをよくするためのひと手間を惜しみません。鍋に砂糖、しょうゆ、酒、そして桜エビを入れ、中火にかけます。昆布とは反対にこれは火の勢いを落とさず、水気を飛ばすよう一気に煮るのがポイント。「弱火でじくじく煮ると、しんなりしちゃうから。せっかちな私にはぴったり」と母は笑います。汁気がなくなったら、最後にみりんとサラダ油少々を加え、つやを出します。これはもう、できたそばからつまみたいおいしさ。ぱりぱりしていて、懐かしいような甘辛さがあとを引きます。こんなカルシウムやミネラルたっぷりの食事を半世紀以上も続けているのだから、元気なはず。父母の食卓を見るたびに、毎日の食事の大切さを思い知らされます。

由比町「望仙《もちせん》商店」の駿河湾産、桜エビ。

①口当たりがいいよう、空炒りしてひげを取る。

②ざるに上げてひげやごみが残っていないかチェック。

③中火で水気を飛ばすよう、手早く炒り煮にする。

④みりんとサラダ油を加えてつやを出してでき上がり。

昼ごはん

残り物も見栄えよく利用して手早く作れる昼ごはん

実家は印刷業を営んでいて、仕事場は自宅の隣にあります。父はのちに地元の金融機関の役員を務めたのですが、その職場も近所でお昼はたいてい帰ってきてうちで食べていました。今は5時には朝ごはん、という生活ですから、11時には気持ちよくお腹もすくのだそうです。お昼は麺類やどんぶり物が多いようですが、もちろんごはんは炊きたて。天どんや鍋焼きうどんのためにかき揚げが必要となれば、昼から天ぷらを揚げることもあります。とはいえわざわざ材料を買うようなことはなく、残り物をアレンジしたり、あり合わせの材料をやりくりするのも上手。昨夜の残りをそのまま出したりせず、見栄えよくおいしそうに、手際よく食卓を整えます。

①とき卵はざるでこし、砂糖、白みつ、塩を。

②鍋に入れて火にかけ、箸で小まめに混ぜる。

③火を通しすぎず、余熱を利用。木べらでよく混ぜる。

④鶏ひき肉はしょうゆ、砂糖、酒、みりんなどで調味。

炒り親子どんぶり

下田のあたりでは、炒り卵と鶏のそぼろをのせたごはんを、炒り親子と呼んでいます。見た目もきれいで、子どもにも大人にも人気があるので、おべんとうやお昼ごはんによく登場しました。母の炒り卵はきめ細かく、きれいに揃っていてつやつやしています。やさしい甘さで、口当たりもしっとりなめらか。卵は割りほぐし酒適量を入れ、ざるでこします。砂糖、白みつ、塩で調味。鍋に入れて火にかけ、箸を休むことなく動かして混ぜます。七分どおり火が通ったら火からおろし、粗熱がとれるまで、木べらでていねいに炒りほぐします。火を通しすぎるとぼそぼそになってしまうので、早めに火からおろし、余熱で仕上げるのがコツ。鶏のひき肉は、しょうゆ、砂糖、酒、しょうがのしぼり汁を合わせた鍋に入れて、混ぜ合わせてから火にかけ、箸でよく混ぜてむらのないそぼろにします。ごはんは白いごはんでもいいのですが、中華風のスープの素で味をつけて炊くこともあります。ごはんを盛り、卵と鶏そぼろを交互にのせ、境目にはさっとゆでて細切りにした絹さやを飾ると、お花畑のようにきれい。紅しょうがを添えてお弁当仕立てにします。

①刺身が余ったら、しょうゆに漬けてベッコにする。

②とき卵に白みつを加える。砂糖より混ざりやすい。

③卵は2個で3枚くらいの厚さに、フライパンで焼く。

④焼き上がった卵はペーパーにはさんで油分を取る。

⑤ツナ缶はざるに上げて油分をきり、流水で洗う。

⑥しょうゆ、白みつで煮る。しょうがのしぼり汁も。

⑦ごはんにすし酢を合わせて混ぜ、粗熱をとる。

⑧すし飯にベッコ、ツナそぼろ、錦糸卵、絹さやを。

ベッコずし

下田でいわれるベッコとは、刺身をしょうゆに漬けたヅケのこと。実家では夕食に必ず刺身を出すのですが、残ったときにはベッコにしておいて、翌日のお昼はちらしずしを作ります。残り物を使うのなら、少しでも彩りよく目先も変えておいしく作りたいと工夫するところが、母のこだわり。彩りにはやっぱり卵が欠かせません。とき卵に白みつと酒少々を加えて、適度に厚みのある薄焼き卵を焼きます。卵2個で3枚くらい。白みつを使うのは、卵によくなじんで焦げつきにくいからだそうです。焼き上がったらペーパーではさんで、油分をとっておきます。そぼろは常備してあるツナ缶を使って。ツナはざるに上げて油を切り、さらに流水で洗ってもみほぐします。こうすることで、さっぱりとしたきめ細かいそぼろになるのです。鍋にしょうゆ、白みつ（または砂糖）を入れ、洗ったツナを加えて火にかけ、箸でよく混ぜながら煮ます。途中でしょうがのしぼり汁も少々。炊きたてのごはんにすし酢を合わせてすし飯を作り、どんぶりに盛って、ベッコ、錦糸卵、ツナそぼろ、湯がいた絹さやをのせます。残り物とあり合わせとは思えない、豪華なおすしです。

土鍋に仕込む

①ゆでうどんは湯に通してほぐしておく。

②鍋の底に、4つ割りにしたねぎを置く。

③うどん、豚肉、なると、しいたけなどを並べる。

④おつゆをはって火にかけ、煮立ったらかき揚げ、卵を。

かき揚げを作る

①とき卵に冷水を加えたものを冷蔵庫で冷やしておく。

②①に小麦粉、桜エビを加え、軽く混ぜる。

③かき揚げの場合は油を少なめにすると散らばらない。

④油をきる。バットは揚げ始める前に準備しておく。

冬はこれに限るね。
ボリュームもあるし温まる。

鍋焼きうどん

冬のお昼ごはんといえば鍋焼きうどん。家族みんなの大好物で、3日に1度は登場しました。鍋焼きうどんにのせる具はあり合わせでもいいのですが、やっぱりかき揚げが入ると、ごちそうふうになります。じつは、天ぷらは母のいちばんの苦手。あれこれ試行錯誤した結果「とき卵に水を混ぜたものを冷やしておきそこに小麦粉を加える」「かき揚げは生地が散らばらないよう、揚げ油は少なめにする」というやり方に落ち着いたのだとか。ほかにおすすめの具はうまみの出る豚三枚肉。彩りにはなると、ねぎの青い部分を、味のポイントにしいたけの甘辛煮などを加えれば、もう言うことなしです。おつゆはカツオだしを濃い目にとり、しょうゆ、砂糖、めんつゆで調味します。鍋に仕込む順番にもコツがあります。まずうどんが焦げつかないよう、底にねぎを並べ、その上に湯通しして軽くほぐしたうどんを置きます。かき揚げ以外の具をのせ、おつゆをはって火にかけます。煮立ったらかき揚げを加え、卵を割り入れ蓋をして火を止め、余熱で火を通します。おつゆのしみ込んだあつあつのうどんに半熟状の卵をからめ、ふうふういいながら食べると、体の芯から温まります。

おやつ

いつも台所にある材料で、おやつも手作りしてくれました。

掃除、洗濯、家族の食事作りはもとより、家業の手伝い、年寄りの世話、従業員の食事など、私が小さかったころの母は大忙しでした。それでも3度の食事の手は抜かず、おやつもほとんど手作り。お菓子用の特別な道具や材料などはなく、卵や小麦粉、ごま、砂糖、豆などいつも台所にある材料で、ぱぱっと作ってくれたものです。母のおやつにはショートケーキのような華やかさはないけれど、少しでも見栄えよくおいしく体にもいいようにという母心が込められていて、今でも食べたくなります。素朴で懐かしい日本のおやつを。

①薄力粉、ベーキングパウダー、塩を混ぜ合わせる。

②卵をとき、砂糖を加えて泡立て器でよく混ぜる。

③牛乳、とかしバター、バニラエッセンス、を加える。

④①をふるい入れ、粘りを出さないよう混ぜる。

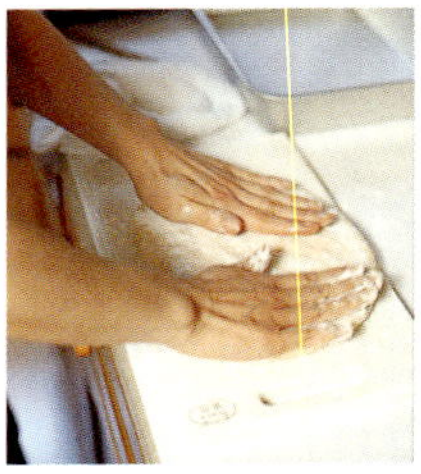

⑤打ち粉、手粉をして2㎝くらいの厚さにのばす。

⑥型で抜く。扱いにくいときには冷蔵庫で冷やして。

⑦揚げ油を低温に熱し、色づく程度に揚げる。

⑧シナモンパウダーを加えた砂糖をまぶす。

ドーナッツ

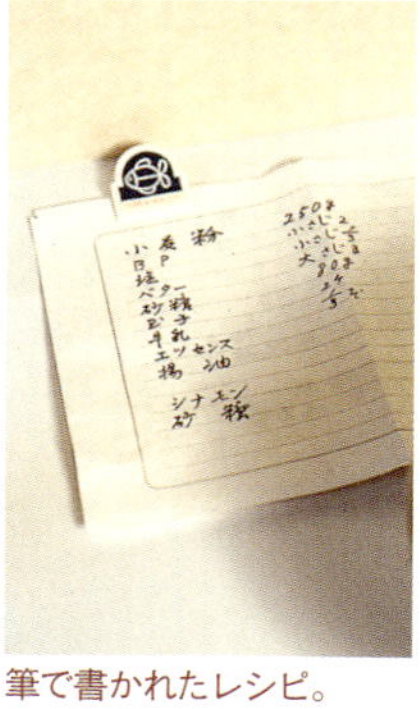

筆で書かれたレシピ。この分量がおいしさのコツ

母に言わせると「料理は目分量だけれど、これだけはきっちり量る。そして途中であわてないよう、事前に全部を揃えておくこと」がドーナッツ作りの唯一最大のポイントだとか。生地の材料は卵2個、砂糖80g、牛乳60cc、バター大さじ3、バニラエッセンス少々、薄力粉250g、ベーキングパウダー小さじ2、塩小さじ1/3。まず卵をとき、砂糖を加えよく混ぜ、そこに牛乳、溶かしバター、バニラエッセンスを加えてさらに混ぜます。そこに薄力粉、ベーキングパウダー、塩を合わせてふるって加え、粘りを出さないように混ぜます。この生地は驚くほどやわらかいので、スプーンですくって揚げてもいいのですが、型で抜きたいときには、1時間ほど冷蔵庫で冷やすと扱いやすくなります。揚げたてにシナモンパウダーを混ぜた砂糖をまぶして、あつあつを。素朴で飽きのこない味はだれにでも好まれるらしく、普段は甘いものには手を出さない父もこのドーナッツだけは別のようです。

①ごま炒り。2、3粒ぱちぱちとはねたら火を止める。

②ごまをする。おなじみのすり鉢、すりこ木登場。

③砂糖、しょうゆ、白みつを加えて混ぜる。

④おやつなので甘口のごまだれのほうがおいしい。

⑤薄力粉をふるって、砂糖、ぬるま湯を加える。

⑥よく練る。子どもにやらせてもいい。

⑦スプーンですくって沸騰した湯に落とす。

⑧ゆで上がったら、熱いうちにごまだれとからめる。

ごまだんご

私が子どものころのおやつといえばおだんごやおせんべい、せいぜいチョコレートくらいで、ケーキなどはお誕生日かクリスマスに買ってもらう程度でした。ですからあまり鮮明な印象は残っていないのですが、なぜか懐かしく思い出される味がいくつかあります。ごまだんごもそのひとつ。ごまあえ、ごま煮、ごま汁だけでなく、母は、おやつにもごまを使います。小麦粉だんごにごまだれをからめたごまだんごが、それ。ごまは炒ってすり鉢ですり、砂糖、しょうゆ、白みつを加え、甘めのごまだれを作ります。おだんごは、いわゆるすいとん。薄力粉をふるい、砂糖少々を加え、ぬるま湯で練ります。スプーンですくって沸騰した湯に落とし、浮いてきたらざるに上げ、水をきったらごまだれの入ったすり鉢へ。ごまだれをからめ、熱いうちにいただきます。むちむちしたすいとんだんごに香ばしいごまだれがからまって、意外なおいしさ。うちの子どもたちが小さかったころ、ふと思い出して作ってみたら、すいとんの歯応えがかえって珍しかったらしく、なかなか好評でした。

①ひと晩水に漬けておいた小豆をそのまま火にかける。

②沸騰してあくが出たらざるに上げる、を2、3回。

③充分やわらかくなったら、砂糖、塩を加える。

④煮くずれせず、ふっくら煮上がった小豆。

⑤白玉粉に水を加えて、耳たぶ程度のやわらかさに。

⑥真ん中をちょっとくぼませて、だんごに丸める。

⑦沸騰した湯に入れ、浮き上がったら、水に取る。

常備菜におやつに、母は1年中、豆を煮ています。

ゆで小豆

母のお気に入りは丹波の大納言小豆。光沢があり、皮が薄いわりに煮くずれしにくいそうです。小豆はひと晩たっぷりの水に漬けておきます。漬け水ごと火にかけ沸騰したらざるに上げ、あらたにたっぷりのぬるま湯（または水）を入れてゆでます。沸騰してあくが出てきたら湯を捨てる、これを2、3回繰り返します。小豆が充分やわらかくなったところで砂糖を加えて煮ます。分量は小豆2カップに対して砂糖170gぐらいだとか。塩も少々。ゆで小豆は夏は冷たい白玉だんごにからめて食べるのがいちばん。冬はゆで小豆をあんこに展開させて右の写真のようにあたたかいお汁粉にします。小豆はさらにやわらかくなるまでゆで、すり鉢で丹念にすります。さらし布の袋に入れて水気を絞り、それから砂糖を加えて火にかけ、焦がさないように練り上げます。このこしあんに少しずつ水を加えながら好みの濃度になるよう煮詰めると、あくのない、口どけのいいお汁粉ができ上がります。

こしあんをのばしたお汁粉に、ゆで小豆を加えて。

晩ごはん

晩ごはんには、晩酌を欠かさない父の好物が並びます。

私の父は、お酒が大好き。さすがに最近は晩酌に日本酒1合を楽しむ程度ですが、若いころは、一升をひとりであけても平気で、いくら飲んでも二日酔いしたり、人に迷惑をかけたりすることはなく、娘の私から見ても、ほんとうに気持ちのいい飲みっぷりでした。今では外で飲み歩くこともなく、母が作る晩ごはんで1杯やるのを何よりの楽しみにしています。そんな父のために、母は父の好物のお刺身や酒の肴、旬の野菜の煮物、あえ物、酢の物などを夕食の食卓に並べます。特別なごちそうではないけれど、父の好みや健康に配慮しながらていねいに作られた手料理は、天下一品。父は、「母さんの料理がいちばんおいしいねえ」とつぶやきながら杯を傾けます。

お刺身は365日、欠かさず食べます。

キンメの煮つけ

脂ののったキンメは、ちょっと甘みのきいた濃い味つけで煮ると、おいしいもの。今日は1尾分を切り身にして、私の祖母の時代から使っている大鍋で煮ることになりました。鍋底には焦げつきを防ぐため、葉蘭《はらん》を敷きます。そこに重ならないよう切り身を入れ、しょうゆ、酒、みりん、砂糖、水を合わせた煮汁を入れます。魚は煮汁が煮立ったところに入れるものと思っていたのですが、身がはじけやすい魚の場合は、煮立てないで入れることもあるのだとか。ただしこの方法は、とびきり鮮度がいい魚に限るようです。あとは落とし蓋をして、強めの中火で短時間で照りよく煮上げます。うまみのにじみ出た煮汁を別の鍋にとって、下ゆでしておいた里いもを煮てつけ合わせに。甘辛く煮上がったキンメは、白いごはんにぴったり。一方お酒の好きな人は、目のまわりのゼラチン質のところやほほ肉がいちばんおいしいと、まっさきに頭に箸をのばします。

①焦げつかないよう、鍋底に葉蘭を敷く。

②キンメを並べ、調味料を合わせた煮汁を入れる

③火の勢いは落とさず、煮汁をまわしかけながら煮る。

④今日のつけ合わせは里いも。魚の煮汁で別に煮る。

キンメダイは下田を代表する魚。一年中食べます。

「母さんの料理は最高だ」
「お父さん、幸せね」

①じゃがいもは充分やわらかくなるまで蒸し器で蒸す。

②熱いうちにすり鉢に入れ、すりこ木でつぶす。

③鍋に移して弱火にかけ、バター、卵を加えてよく混ぜる。

④③の半量に炒めた牛ひき肉、玉ねぎのみじん切りを。

⑤残りのポテトには、ゆで卵の粗みじん切りを加える。

⑥ひき肉入りは俵形、卵入りは小判形にまとめる。

⑦⑥に薄力粉、とき卵、パン粉をつける。

⑧中身は火が通っているので、軽く揚げる。

コロッケ

実家では、私が子どものころも夕食のおかずはたいてい和風の魚料理でした。ですから「今晩はコロッケ」、といわれると、もううれしくて、台所に飛んでいって衣つけを手伝ったりしたものです。母はコロッケを作るときには半分をひき肉入り、半分はゆで卵入りと、中身と形を変えて2種類作ります。じゃがいもは、ゆでるよりほっくりするからと、蒸し器でくずれるくらいやわらかく蒸します。皮をむき、すり鉢でつぶします。それを鍋に入れて弱火にかけ、バターと卵、塩、こしょうを加えて混ぜます。こうすることで、クリーミーでこくのあるマッシュポテトになります。これを2等分しておきます。玉ねぎのみじん切りと牛ひき肉を炒めて半量のポテトに加えて混ぜ、粗熱がとれたら小さめの俵形にまとめます。もう半量にはゆで卵を粗みじんに切って加え、こちらは小判形に。それぞれ衣をつけて軽く揚げます。ケチャップと中濃ソース、コンソメスープを合わせたソースをかけ、せん切りキャベツを添えます。きつね色にさっくり揚がったコロッケは、さっぱりとしてどこか和風の趣もあります。

ひき肉入りとゆで卵入り、ふたつの味を楽しんで。

①メイクイーンは大きさを揃えて輪切りにする。

②自家製のすき焼きのたれで煮汁の味を調整する。

③煮汁を煮立てて牛肉を入れ、うまみを引き出す。

④じゃがいも、玉ねぎ、牛肉を層にして煮る。

肉じゃが

味のポイントになる牛肉は、量より質で。

見た目にもおいしそうに仕上げることを大事にする母は、ごった煮のようなぐちゃぐちゃした煮物がきらい。だから肉じゃがには男爵いもでなく、煮くずれしにくいメイクイーンを使います。肉も「煮るとぼろぼろになっちゃう」たち落としではなく、ちゃんとしたすき焼き用を用意します。じゃがいもと玉ねぎは「あくが抜けておいしくできるような気がするから」、1度ゆでこぼします。煮汁の基本は水、しょうゆ、砂糖ですが、深みを出すため自家製のすき焼きのたれ（しょうゆとみりん各1/2カップに砂糖約大さじ5を合わせたもの）を加えることも。煮汁が煮立ったところに牛肉を入れ、しゃぶしゃぶのように泳がせて引き上げます。肉のうまみの出た煮汁で、じゃがいもをじっくり煮るわけです。まずじゃがいもを入れ、その上に玉ねぎをのせ、落とし蓋をしてしばらく煮ます。それから肉を戻して、汁気がなくなるまで煮ます。

あしたばの酢の物

今日摘んでも、あしたにはもうのびることから名づけられた〝あしたば〟。独特の香りとほろ苦さは、その旺盛な生命力を象徴しているようです。くせが強いわりには、おひたし、ごまあえ、天ぷら、酢の物など使い道は広く、栄養価の高い、伊豆の特産品として知られています。あくが強い野菜なのでポイントはあく抜き。母は、ゆでてからひと晩水にさらしておくそうです。それを食べやすい長さに切って、ふきんに包んでしっかり水気を絞ります。合わせ酢は、父の好みに合わせてまろやかな甘さの、角のとれた酢加減に。生酢ではなく市販のすし酢をベースに、だし汁、白みつ、みりんなどで味を調えます。あしたばは、酢にくぐらせると茎の部分がほんのり赤く、葉の緑色はいっそう鮮やかになります。色の美しさを、まず目で楽しみたい一品です。

①あしたばはゆでてひと晩水に漬けて、あくを抜く。

②しっかり水気を絞って、食べる直前に甘酢であえる。

近くの農家から取り寄せた摘みたてのあしたば。

酢菜

伊豆半島の最南端、石廊崎《いろうざき》あたりでは、法事などの集まりによく「酢菜《すさい》」という大根やにんじんなどの酢の物を出します。これは、その伝統料理を母流にアレンジした酒肴。いってみれば大根のごま酢あえなのですが、大根の切り方、盛り方など、おそうざいとはちょっと変えておしゃれに仕上げます。大根は、旬のみずみずしいものを用意します。4、5㎝長さに切り、左の写真の要領で繊維に沿って8㎜ぐらいの厚さに切り、それを薄切りにし、軽く塩をふります。しんなりしたらふきんにとって、やさしく絞ります。次にごま酢だれを作ります。炒りごまはねっとりするまでよくすって、すし酢、白みつ、しょうゆ、だし汁を加え、味を調えます。小皿に大根をこんもりと盛り、ごま酢だれをかけ、せん切りにした谷中しょうがをあしらいます。

①大根は4、5㎝長さに切り、繊維に沿って8㎜厚さに。

②①を薄切りにする。この切り方が歯応えの決め手？

③市販の炒りごまも、さっと炒ってからするといい。

④ごまをすり、すし酢、白みつ、しょうゆ、だし汁を。

⑤谷中しょうがをせん切りにして、あしらう。

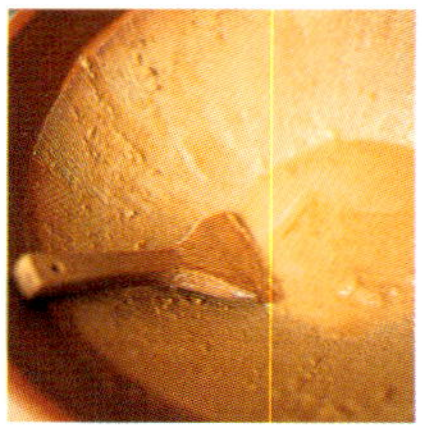

長年使い込んで、小さくなってしまったしゃもじ。

きんぴらごぼう

母のきんぴらごぼうは、文字どおりごぼうだけのシンプルなもの。それだけにごぼうの選び方、切り方には、細心の注意を払うようです。ごぼうは知り合いの農家から、スの入っていない上質なものを分けてもらいます。たわしでこすり洗いすると早くもごぼう独特のあの香りが。よくといだ薄刃包丁を用意し、下の写真の要領で寸法を揃え、針のように細く切ります。それを水につけてあくを抜き、ぱりっとさせます。さすがの母も、そこまでは神経をつかうようです。そのあとはいつもどおり炒めて煮るだけですから、「目をつぶっていてもできる」。鉄鍋に油を熱してごぼうを入れて炒め、少ししんなりしたらだし汁、砂糖、酒少々、自家製めんつゆ(P.32)を加え、蓋をして煮ます。ひと呼吸おいてしょうゆを加え、煮汁がなくなるまで中火で煮ます。しっかり煮てもぱりぱりと歯応えよく、口の中にごぼうの香りが広がって、すばらしくおいしい。細くきれいに切り揃えられたごぼうは、母の美意識を象徴しているようです。

①ごぼうはたわしで洗い、長さを揃えて切る。

②薄く切ったものを並べ、端から極力細く切る。

③②を水に放してあくを抜き、ぱりっとさせる。

④鉄鍋に油を熱し、ごぼうを炒める。

⑤少ししんなりしたら、だし汁を加える。

⑥⑤に砂糖、酒少々を加え、さっくりと混ぜる。

⑦自家製のめんつゆ、しょうゆを加えて調味する。

⑧汁気がなくなるまで、中火で煮る。

温厚で、いつも冗談を言って皆を笑わせる父。几帳面できれい好き、一日中まめまめしく立ち働いている母。正反対に見えるふたりですが連れ添って61年、お互いをいたわり合いながら、なかよく暮らしています。たまに私が行くと、茶の間のこたつに座って、3人でとりとめもないおしゃべり。母とはやっぱり料理の話になります。それを聞いているのかいないのか、ときどき絶妙のタイミングでとぼけた冗談を言う父。思わず3人で爆笑してしまいます。そんなお茶の間の風景をここに――。

●4時起床、5時朝食の生活

娘　朝は何時ごろ起きるの？

父　4時すぎ起床。もう何十年も一日も欠かさず。

娘　まだ真っ暗じゃない。

母　もう習慣になってるから、4時ころには目が覚めちゃう。そうすると寝てるのがもったいなくて。

娘　早起きは家系なのかしら。

母　昔の商家はもっと早かったわよ。バスのないころは、わらじをはいて歩いて、南伊豆のほうまでかけとり（集金）に行ったものよ。朝ごはん食べさせて、おべんとうののりむすびも作らなきゃならないから、私の母親は3時に起きて私を背中に負ぶってかまどの火を起こして。容易じゃなかったよ。

娘　今の都会では私も早起きっていわれるけど、何だかけたが違うわね。朝ごはんは何時？

母　5時ごろ。ご飯とみそ汁とおこうこと、干物とかいい卵が手に入れば卵かけごはんとか。

娘　ごはんはいつも炊きたてですものね。冷やごはんをチンなんてしないのよね、ここのうちは。

母　夜のうちにといで、だしをひいておけば、わけないじゃない。

娘　前の夜の準備が肝心ですね。ごはんのあとは？

母　掃除して洗濯物を干して、やれやれって茶の間に座るのが、だいたい8時ごろかしら。

娘　全部朝のうちにすませちゃうんだ。なんでも早め早めに段取りよくすませることが、お母さんのやりかたね。私も、学校に遅刻したことはなかった。

母　そうだねえ。何でも自分でしてた。おばあちゃんの世話も、よくしてくれたよね。

娘　おとなしくて目立たない子だったでしょう？

母　手先は器用だったねえ。

父　歌もうまいし、ピアノも弾く。絵もよく描いてたけど、どれも大成しないで、全然関係ないほうにいっちゃった。

娘　小さいころは偏食だったしね。台所のお手伝いは、割にしたけど。

母・はるみの料理は早くて簡単に作れるから、今の人にはいいんでしょう。

母　どうだったかねえ。別段、料理を教えることはしなかったけど、味見はよくさせたね。

娘　お父さんはほんとうに甘かった。何でも買ってくれた。自転車がほしいなあって言うと、もう次の日には自転車が届いてる。オルガンほしいなあって言うと、その日の夕方には注文してるんだから（笑）。

母　女の子には甘かったね。勉強しろとも言わなかったし。

父　はるみが車の免許をとったときには、毎朝ぼくが助手席に乗って、1時間ぐらい練習したね。石廊崎までよく通った。

娘　お父さんは免許持ってなかったから、怖いもの知らずだったのよ。今考えると恐ろしい。

懐かしい母の味　新しい娘の味

娘・お母さんは絶対手抜きしない。徹底的に味にこだわる人。

●素材にこだわり手間を惜しまず

娘　この白あえ、おいしい！　こういうのはとてもかないません。

母　にんじんもこんにゃくも寸法を合わせて切って、にんじんを下に、こんにゃくを上にして煮るの。そうすると煮汁がなくなる頃、両方ともちょうど具合よく仕上がるのよ。

娘　大小まちまちに切ってあると、そうはいかないのね。

母　豆腐もいい加減なのじゃだめ。しょうゆもみそも熟成度の高いおいしいのを取り寄せてるし、お米も、やっぱり魚沼のこしひかりがおいしいね。

娘　素材にも徹底的にこだわるのね。

母　肉じゃがも、和牛のいいところ使うと、ほんとおいしいのよ。たくさん食べるわけじゃないし、そういうところには奮発するね。すき焼きの煮汁を、しらたきとかねぎのくず一本も入れないようにきれいにこしておからを煮ると、これがまたおいしい。コーンを入れると、彩りもきれいよ。

娘　コーン……結構新しいのね。そういえば、うちでよくやるサバだんご。サバの脂気が多いときには豆腐を入れて、少ないときには鶏ひき肉を入れて調節するんでしょう？

母　そう。脂ののりぐあいによってね。

娘　魚と肉を一緒にする発想って、お母さんの年のわりには斬新よね。

母　ぜいたくするわけじゃないけど、うちで作って食べることが大事だから、いい素材を探して、どうしたらおいしく作れるか、研究するね。ひと通り調味料入れておしまい、じゃないのよ。

娘　どうするの。秘訣を教えて。

母　そう簡単には教えられないよ。

娘　ハハハハ。このきんぴらも絶品。

母　掘りたてのごぼうをいい薄刃包丁で細かく切らないとおいしくできない。

娘　お母さんのは、針みたいだものね。太切りのも、ぱりぱりしておいしいのよ。

母　いやだあ、薪みたいに切ったのはきれいじゃないじゃないの。

娘　ほんと几帳面なんだから。ごまも、いちいち炒ってするんでしょう？

母　ごまは鉄鍋で炒って、すり鉢でする。白あえにするときは、ねっとりするまでよーくすらないと。

娘　お父さんとふたり分だけなのに、よくそこまでするわね。

母　あんた、炒り卵どうやって作るの？　私はといて裏ごしするの。そうすると、つぶのそろった細かいそぼろがきれいにできるよ。やってごらん。

娘　はい……。結婚前は、私もこの台所で結構料理してたわよね。スパゲッティとかオニオングラタンとか。

母　誰かさんに習ったんじゃないの。

娘　えーっ、そうだっけ、誰のこと？　ところで私のレシピ作ったことある？

母　悪いけどあんまり。あんたの作る物は、私たちの食べる物とは違うから。

娘　お父さん、うちに来て私の料理食べたけど、何て言ってた？

母　「なんかわけのわからないもの、ごちそうになった」って（笑）。

娘　ハハハハ。お母さんの手料理がいちばんって、思ってるんじゃない？

母　どうだかねえ。

娘　わたしのテレビ、見てくれてる？

母　見ちゃいられないわよ、馬脚をあらわすんじゃないかとはらはらしちゃって（笑）。本格的に料理を習ったこともないのに……。

娘・

お父さんは古いタイプの男だから料理も全然しない。うちとは対照的ね。

娘 ハハハハ。

母 あんたの料理は、簡単ですぐできるから、今の人には評判いいんじゃないの？

娘 お母さんみたいにきちんとはできない。

母 こういうと口はばったいけど、料理の才能って、天性のものじゃないの？ だれかに教わったんじゃなくて、もともとあなた自身にそういうセンスがあったんでしょう。

娘 私はお母さんのおかげで本物の味を知ってるから、多少奇抜なことしても基本は外れないんじゃないかっていう安心感が、ちょっぴりあるの。

●男のやさしさ、それぞれの場合

娘 お父さんは、料理することあるの？

母 とんでもない。ガスもつけられない。私の留守にガスをつけてみたら、ぼおっていうから恐くなって止めちゃったんですって。

娘 いやだあ。うちとは大違いね。

母 私が台所で天ぷら揚げてるとするでしょう。お父さんは茶の間に座って、ビールなんか飲んでる。それで、「しょうゆがないよ」なんて言うのよ。自分で取ればいいのにと思うけど、私もつい、「はいはい」なんて取ってあげちゃう。

娘 昔の男の人はそうね。お母さんがいないと、何もできない。

母 「ひとり残されたらいやだなあ」って言うの。八つも年上なのに、私を看取ってあとに残るつもりでいるのよ。

娘 それは、うちも同じ。

母 私はいやよ。そんな亭主に世話してもらうなんて、ごめんだわね。

娘 今まで面倒みてあげてきたんだから、やってもらえばいいじゃない。

母 いやだよ。あんたとこは特別よ。玲児さんは、ほんと面倒見がいいよね。私はそんなに男の人にやさしくされたことないから、妙に親切にされると、かえって居心地が悪い。

娘 「菊間の人たちは、さっぱりしてて植物的だね」って玲児さん、言ってる（笑）。

母 はるみも、下田で嫁がせればにぎやかだったろうな、なんてお父さんは言ってる。今はふたりとも元気だからいいけど、病気になったら、やっぱり心細いわね。

娘 安心して。面倒みるから。

母 だいぶ昔だけど、銀座で一〇銭の占い札をとったことがあるの。それによると、私は一日中立ち働かねば気の納まらない多忙の持ち主。そのあと、よく聞いてよ、苦労はするけど晩年は子ども運に恵まれて幸せだって……。

娘 大丈夫。その通りになるわよ、安心して（笑）。

●対談後記

これは6年前の対談です。あれから私もたびたび実家に行って料理を作るようになったので、母も少しは私の料理を認めてくれているよう。父も、洋風やエスニックなど、母とは違った娘の味を楽しんでくれているようです。

第二章

私の料理の原点になった母の味

「家庭の料理は連続しているもの。今日作ったものを明日につなげるように、いつも考えてね。途切れると1から始めなくてはならなくなって、料理がいやになっちゃうから」料理教室でそんな話をしていて、ふと気がつきました。「これは母が実践していたことだわ」、と。たとえばめんつゆ。母はめんつゆを作りおきしていて、麺類はもちろん煮物にも活用し、忙しい中でも市販品に頼ることなく、日々の食事を繰り回していました。私のこだわりのテーマ「たれとソース」が生まれたのも、母のめんつゆがきっかけだったような気がします。いつもだしを用意しておくこと、時間のあるときに常備菜を作っておくこと、ごまの活用など、知らず知らずのうちに母から学んだことは数知れません。それをそのままではなく、アレンジして次の世代に伝えることも私の役割かな、と思っています。

母の台所仕事は、だしをひくところから始まります。

母の料理はほとんど和風なので、何を作るにもだし汁が欠かせません。カツオの削り節、昆布、煮干しなど、地方や各家庭によって、だしの材料は異なるようですが、下田ではやはり削りガツオで取るうちが多いようです。母も普段のみそ汁や煮物に使うのはもっぱらカツオだし。以前は使うたびごとに自分で削っていましたが、今は近所の専門店から削りたてを買っています。分量の目安は水４カップに対して30～40ｇとたっぷりめ。湯が沸騰したところに入れ、再び沸騰したら火を止めます。グラグラ煮立てるとアクが出て濁るので、要注意。このままひと晩おくときもありますが、すぐ使う場合はざるでこし、さらにふきんでこして雑物を取り除きます。だいたい一日に使う分を一度にとり、ビンに入れて、いつでも使えるようにしておきます。

だし汁

削りガツオは近所の「山田鰹節店」で買います。

①削りガツオは削りたてを。少しずつ小まめに買う。

②水４カップを沸騰させ、削りガツオ40ｇを入れる。

③再び沸騰したら、火を止める。煮立てないように。

④ざるでこす。この時、削りガツオは絞らないよう。

⑤さらにふきんでこし、雑物を取り除く。

⑥朝のみそ汁に使い、残りはビンに入れて冷蔵庫へ。

めんつゆ

母のめんつゆは、私のたれの原点ともなった思い出深いレシピです。まずみりん1カップを鍋に入れて火にかけ、アルコール分を飛ばします。砂糖大さじ2、しょうゆ1カップ、だし汁$3\frac{1}{2}$カップを加え、沸騰する前に火を止めます。だしやしょうゆの風味が飛ばないよう、煮立たせないのがコツ。ふきんでこして容器に移し冷蔵庫に入れておけば、2、3日はもちます。そうめんのつけ汁にはそのまま、温かい麺類のかけ汁にはだし汁を足して好みの濃さに調整します。麺類の汁のほかに、母はこのめんつゆを煮物にも使います。魚でも野菜でも、和風の煮物のベースはだし汁、しょうゆ、砂糖、みりんですが、ちょっと味が足りないときは、このめんつゆの出番。不思議と味が決まるそうです。ですからこのめんつゆは、冷蔵庫の必需品。いざというときの、心強い助っ人です。

めんつゆを作る

①みりんを煮きり、砂糖、しょうゆ、だし汁を加える。

②煮立たせないよう、軽く火を通すのがコツ。

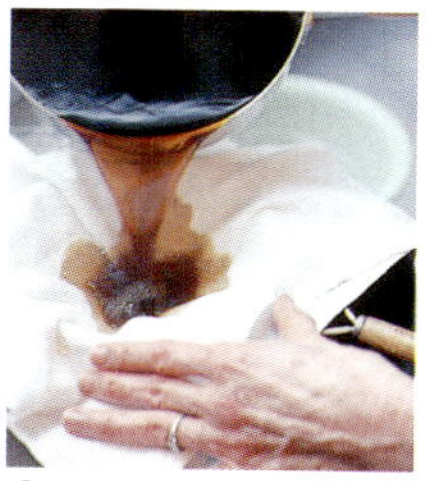

③ふきんでこして容器に入れ、冷蔵庫で保存する。

そうめんのゆで方

①そうめんは大鍋にたっぷりの湯を沸かしてゆでる。

②冷水に取って洗うようにして冷まし、引きしめる。

夏のお昼はやっぱりそうめん。めんつゆが活躍します。

そうめんの薬味はおろししょうが、みょうがなどを。

ほうれん草のおひたし

青菜のおひたしには、生じょうゆをかけるのが一般的ですが、このめんつゆをかけると、ちょっとしたごちそうになります。ほうれん草、春菊などは、105ページを参照してゆでて水に取り、ざるに上げ、寸法を揃えて体裁よく切ります。水気を絞って器に盛り、めんつゆをかけ、削りガツオをふります。しょうゆだけより味は上々の一品になります。煮びたしより色がきれい、しょうゆだけより味は上々の一品になります。

①ひじきはひと晩水につけて戻し、ざっと洗う。

②長いものは切って、やわらかくなるまでゆでる。

③鶏レバーは、脂肪や汚れなどを取り除く。

④流水でよく洗う。下処理をすれば、臭みも取れる。

⑤②と④をだし汁、砂糖、しょうゆ、酒、みりんで煮る。

春に鍋田浜でとれる新ひじき。やわらかく香りがいい。

レバーひじき

祖母の時代から実家では、ひじきはレバーと煮るものと相場が決まっていました。私もそれが当たり前とずっと思っていて、あとでにんじんや油揚げと煮るのが普通と知ってびっくりしたほど。今でも母は頑固にその家訓(?)を守っています。母が取り寄せているのは、下田の鍋田浜で春先にとれる新ひじき。太くてやわらかく、磯の香りがします。ひじきはひと晩水に漬けて戻してから流水で洗い、長いものは切り、やわらかくなるまで下ゆでします。鶏のレバーは脂肪や汚れを取り除き、流水で洗ってきれいにし、沸騰した湯であくが出る程度に、さっと下ゆでします。鍋にだし汁、砂糖、しょうゆ、酒を入れて煮立て、レバーとひじきを入れて煮て、さらにみりんを加えて煮含めます。にんじん入りのように彩りはよくありませんが、レバーとひじきって不思議と合うもの。栄養的にも満点の組み合わせで、母から娘へと守り伝えたい味だと思います。

ふっくらとしてつやがあり、粒のそろった丹波の白大豆。

とろ火で時間をかけて煮るときには、電気コンロで。

つややかに煮上がった煮豆。母の得意料理のひとつです。

大豆の甘煮

いつ行っても、実家の冷蔵庫に必ずといっていいほどあるのが、この大豆の甘煮。母自身の好物で、きらすことなく定期的に煮ているのだそう。たまには昆布を入れることもありますが、何も入れないで大豆だけを煮るのが基本です。だから、素材選びが肝心。母は「豆は丹波」と決めていて、大豆も馴染みのお店から取り寄せています。豆2カップはたっぷりの水にひと晩つけておき、中火にかけます。煮立ったら火を弱め、豆が水面から顔を出さないよう差し湯をしながら、やわらかくなるまで2時間ぐらい煮ます。やわらかくなったらいったん火を止め、170gの砂糖を入れます。再び火にかけ、砂糖がとけたらもう一度火を止め、蓋をして1時間ぐらいおきます。しょうゆ大さじ3を加え、しばらくとろ火で煮ます。煮汁が多すぎるようなら豆を取り出し、煮汁だけを煮詰め、豆を戻して煮含めます。一気に煮てしまうのでなく、しばらく火を止めてじっくり味を含ませる、その間の取り方がおいしさの秘訣のような気がします。つややかに、煮上がった煮豆は、ひと粒またひと粒と、箸が止まらないおいしさ。豆の滋味がしみじみ感じられます。

①しいたけ、にんじん、油揚げを甘辛く煮る。

②おからはよくほぐしておき、少量の油で炒める。

③具を煮汁ごと加え、汁気がなくなるまで煮る。

しっとりしたおからと、コーンのつぶつぶがおいしい。

おから

うまみの出た煮物の残り汁でおからを煮るのは、昔ながらの日本人の知恵。母もすき焼きの煮汁でおからを煮ることはあるそうですが、そんなときはしらたき1本も混じらないよう、煮汁だけ、ていねいにこします。魚の煮汁は生ぐさくなるので使わないなど、残り物の再利用といえども「すっきりした味」に仕上げる手間を惜しみません。

おからは、まず取り合わせる具を煮ます。干ししいたけは戻して粗みじん切り、にんじんと油抜きした油揚げはせん切りにします。鍋にだし汁、しいたけの戻し汁、しょうゆ、砂糖を煮立てて、具を入れて煮ます。次に別の鍋に少量の油を熱し、よくほぐしたおからを入れて炒めます。それから煮ておいた具を煮汁ごと加え、おからに煮汁を吸わせるようによく混ぜます。仕上げに缶詰のスイートコーンを入れて、さっとゆでた絹さやの細切りをのせてでき上がり。コーンの食感がアクセントになって、若い人にも受けそうです。

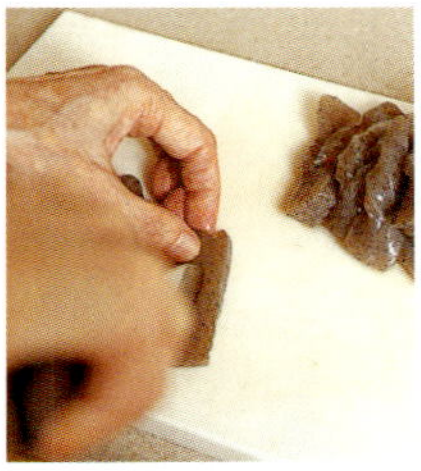

①手綱こんにゃくは中央の包丁目を短くするのがコツ。

②ペーパータオルなどにはさんで、水気をよくきる。

③油を熱して②を入れ、浮き上がったら取り出す。

④煮汁はだし汁、砂糖、しょうゆ、すきやきのたれで。

⑤こんにゃく、小口切りの赤唐辛子を入れて炒り煮。

赤唐辛子は色がきれいなので、台所に飾っておきます。

こんにゃくのピリ辛

こんにゃくの炒め煮はありふれたおそうざいですが、母のはまた一段とおいしい。その秘訣はこんにゃくを炒めるのでなく素揚げにするところにあります。こんにゃくは5㎜厚さの長方形に切って中央に切れ目を入れ、一方をくぐらせて手綱《たづな》にします。ペーパータオルなどにはさんで充分に水気をとり、熱した油に入れます。表面に浮いてきたら引き上げ、油をきります。鍋にだし汁、砂糖、しょうゆ、市販のすき焼きのたれ少々を加えて煮立たせ、こんにゃく、種を取って小口切りにした赤唐辛子を加え、汁気がなくなるまで炒り煮にします。すき焼きのたれは煮物にコクを出すためで、すき焼きには使わないのだそう。市販品のたれも自分流に上手に取り入れるというのが、好奇心旺盛な母らしいなあと思いました。こんにゃくは油で揚げると水分が抜けるためか身がしまって、あの独特の食感がいっそう際立ちます。シコシコ、ピリピリと、後をひくおいしさです。

かぼちゃのそぼろあんかけ

かぼちゃのそぼろあんかけを作るとき、「かぼちゃは煮てもいいんだけれど、蒸すと形がくずれないし、味もいいような気がして」と、母は蒸し器を使います。そぼろあんは、だし汁にしょうゆ、みりん、砂糖を加えて、煮立てたところに鶏のひき肉としょうがのすりおろし少々を入れて煮て、水溶き片栗粉でとろみをつけます。蒸し上がったかぼちゃを器に盛り、そぼろあんをかけると、煮っころがしとはひと味違った、上品な小鉢になります。ほくほくのかぼちゃにとろりとしたそぼろあんがからまって、最高。「レシピを教えて」と言うと、「料理研究家じゃあるまいし、いちいち量ったりしないわよ。目見当、手加減でやって、あとは味見しながらいろいろ足して、納得のいく味に仕上げるの」と言われてしまいました。何度も何度も味見して、しょうゆや砂糖など一通りの調味料だけでなく、白みつやめんつゆなど〝ないしょの調味料〟を足しながら味を調えていくのだとさとされました。

煮立ったところに水溶き片栗粉を入れ、とろみをつける。

ポテトサラダ

母のポテトサラダはちょっと甘口で、子どもにも男性にも好評です。にんじんはいちょう切りに、じゃがいもはサイコロに切り、ゆでます。湯をこぼして、から炒りして水気を飛ばします。そして熱いうちにすし酢と砂糖をふり、さっくりと混ぜます。こうするとじゃがいもに味がしみ込み、あの懐かしい味になるようです。きゅうりとりんごの薄切りを加え、市販のフレンチドレッシングであえ、最後にマヨネーズを入れて混ぜます。マヨネーズだけでなく、いろいろな調味料が合わさって生まれる味は、とってもまろやか。

①じゃがいもはサイコロ、にんじんはいちょう切りに。

②ゆでて水気をきり熱いうちにすし酢、砂糖を加える。

③きゅうり、皮つきりんごの薄切りを加える。

④フレンチドレッシング、マヨネーズを加える。

かぶのサラダ

雑誌か新聞で見たレシピを、母なりに工夫したサラダ。かぶとりんごのぱりぱり感、りんごやレーズンの甘さがアクセントになって、とてもおいしい。このサラダのポイントは、なんといってもドレッシングにあります。サラダ油、すし酢、塩、こしょうを合わせ、玉ねぎとりんごのすりおろしを加えます。薄切りにして塩もみにしたかぶ、レタス、薄切りのセロリ、りんご、レーズンを盛り合わせ、その特製ドレッシングであえ、さらにマヨネーズで味を調えます。酸味もまろやか、玉ねぎとりんごの風味がこくをそえるサラダです。

①かぶは薄切りにして塩もみし、水洗いして絞る。

②レタス、セロリは氷水に放してぱりっとさせる。

③玉ねぎ、りんごはすりおろしてドレッシングに。

④特製ドレッシングであえ、マヨネーズで味を調える。

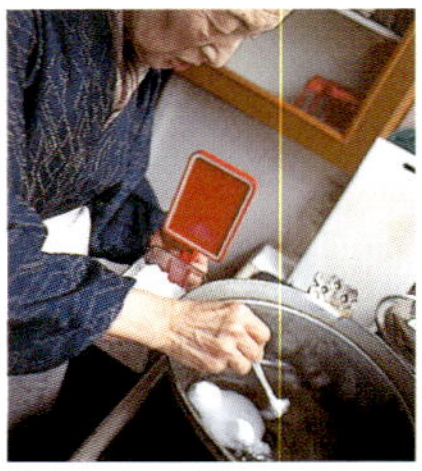
①鍋に水、砂糖、酒、しょうゆを入れ、火にかける。

②①に粒みそを溶き入れ、全体を混ぜ合わせる。

③煮汁が煮立ったら、重ならないようにサバを入れる。

④サバの皮を破らないよう、煮汁を表面に回しかける。

⑤火加減は中火のまま、煮汁がとろりとするまで煮る。

サバのみそ煮

サバのみそ煮といえばおふくろの味の代表のようなおそうざいですから、どのお宅にも、こだわりのレシピがあるのではないでしょうか。母もよく作りますが、作り方はとてもシンプル。みそ味の煮汁を煮立て、切り身を入れて煮るだけ。それだけに調味料の配合が知りたいところですが、母に聞けば、「味を見ながら目見当で」と言うに決まっています。そこで横で見たままをご報告。まず大きめの鍋を火にかけ、水、砂糖たっぷり、酒どぼどぼ、しょうゆ、みそ(今回は粒みそを使用)を入れて混ぜます。煮立ったところに重ならないように切り身を入れ、しょうがの薄切りをのせ、ひと呼吸おいてからみりんを加えます。お玉で煮汁を表面にかけながら、中火で煮てでき上がり。ほんとうに、あっという間にできてしまうのですが、とろみのついた煮汁をからめながらいただくサバの、おいしいことといったらありません。おそらくは思いきりよく砂糖を入れ、惜しみなくお酒を使うところにコツがあるようです。

①水加減はいつものごはんよりちょっと少なめに。

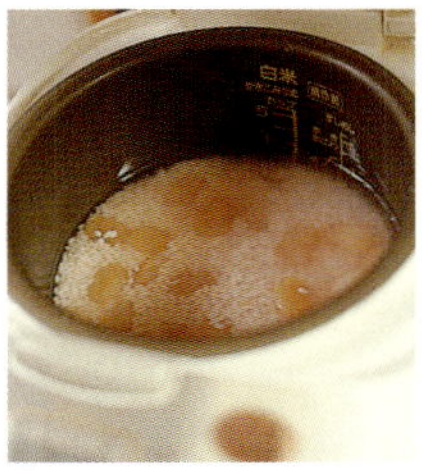

②白いんげんの煮豆を適量混ぜ込んで炊く。

母が飲むのは日本茶のみ。コーヒー、紅茶は皆無です。

豆おこわ

おめでたいことのある日、実家の台所には必ずお赤飯がありました。今でも毎月1日と15日には、神様にお赤飯をお供えするそうです。この白いんげん豆のおこわは、「小豆を白いんげん豆にしたらおしゃれになるのでは」と、母が考えたオリジナルレシピ。その豆の甘さが微妙で、母にいわせると小甘く炊くのがコツだとか。薄甘くでなく、小甘くというのはちょっと難かしそうなので今回は市販の煮豆を使って作ってもらうことにしました。煮豆はいくぶんかための、形のきれいな物を選びます。といだもち米と水を炊飯器に入れ、塩と食紅各少々を加えて、煮豆を適量混ぜ込みます。10分ほどおいて、スイッチオン。朝食にはごま塩をふって、おやつにはおむすびにして。ぽくぽくとした豆の食感、甘さが、ほんのり薄紅色に染まったもち米のもっちりした食感とあいまって、小豆のおこわとはひと味違ったおいしさです。

白いんげん豆は小甘く炊くとおいしいよ。

母の暮らしの心得7ヵ条

暮らしの心得といっても、特別なことは何もしていません。大正生まれの主婦のかたなら皆さんそうでしょうが、三度三度ごはんを作ることも掃除や洗濯も当たり前のこととして淡々と続けてきました。それが面倒だとか大変だとか思うこともありませんでしたし、皆さんにお教えするようなこともありません。ただ、せっかちで何事もきちっとしないと気のすまない性分なので、ことがうまく運ぶよう心がけてきた点がいくつかあります。それを私なりの「7ヵ条」としてまとめてみました。（菊間）

第1条

就寝前に翌朝の準備をしておく

一日を気持ちよくスタートさせるためには、前夜の段取りが大切です。寝る前に台所、茶の間を整理整頓しごみ箱をあけ、食卓を拭いて、朝食の食器がすぐ出せるようにしておきます。そして朝食用の米をとぎ、だしをひいてみそ汁の具を用意してから、床につきます。眠いから明日にしようと先のばしにすれば、朝から片付けや準備に手間取り、後がつっかえて、一日中いやな気分で過ごすことになりかねません。

朝食用の食器がすぐ出せるよう、準備しておきます。

米をといでざるに上げ、だしをとっておきます。

第2条

家事は午前中にすませる

朝は4時起床。ふとんの中でぐずぐずしているのがもったいなくて、目が覚めるとすぐ起きます。床を上げ、雨戸を開けてからお風呂へ。うちは温泉をひいているので、いつでも温かいお風呂に入れるのも、ありがたいことです。身繕いしたら神棚にお祭りしている八百万《やおよろず》の神様にお供物をして拝み、続いて台所の荒神《こうじん》様、仏様を拝みます。庭のお稲荷さんにお供えするのは、主人の役目。炊飯器のスイッチを入れ、ごはんが炊ける間に洗濯をし、その合間にみそ汁を作ったり干物を焼いたり。朝ごはんは6時には食べ終わります。それから掃除。今はお手間（お手伝い）の人に頼んでいますが掃除機かけ、雑巾がけは毎日します。こうして大体の家事を午前中にすませてしまえば、午後は手紙を書いたり本を読んだり出かけたりとゆとりをもって過ごすことができます。はるみにはせっかちと言われますが、なにごとも先を考え早め早めにすませれば、毎日を気持ちよく過ごすことができるのではないでしょうか。

うちの猫のシロです。はずかしがりやです

神棚の水を替え、拝みます。仏様にもごはんと水を。

第3条
ごはんは炊きたてを

うちは、昔も今もほとんど和食なので、一日3回ごはんを炊くことも珍しくありません。お釜で炊いていた昔のことを思えば、お米をといで、水にひたして炊飯器で炊くことなど、手間というほどのこともないと思うのですが、食べるごとに炊くというと妙に感心されて、こちらが戸惑ってしまいます。今はふたりなので小さいおもちゃのような炊飯器で炊いています。たいがいは一回で食べきりますが、余ったら次回炊き上がったところに加えて炊飯器の蓋をして少しむらしておけば、炊きたてと大差なく食べられます。そんなわけで、うちではごはんを、まとめて炊いて電子レンジで温めるということはほとんどありません。数年前、はるみが電子レンジをプレゼントしてくれたのでたまには温め直しに使ってみるのですが、やっぱりご飯は炊きたてがおいしいですね。

今日ははるみが来たので、大きい炊飯器で炊きました。

第4条
即決主義は整理上手

家事全般に渡って、何でもすぐするほうですが、とくに後回しがだめなのは、お金の支払いとお礼状ですね。この二つは、すぐすることが肝要。何かを注文したら振込みや送金はその場ですませるので、ついうっかり忘れて催促されるとか、請求書などの書類を探したりということもありません。即決主義を徹底すれば、書類がたまって整理に手間取るということもなくなり、時間と労力の節約になるのではないでしょうか。

私の文机。書類は、浅い引き出しに分類して保管します。

祝儀袋、不祝儀袋を常備。新札も用意しておきます。

第5条
人の縁は大切に

魚屋さん、クリーニング屋さん、信用金庫の外交員さん……うちの勝手口には、毎日いろいろな人が顔を出します。下田の商店街もずいぶんさびしくなったけれど、都会に比べればまだまだ御用聞きや配達など、お店の人と直接顔を合わせてのつき合いは健在です。「きゃらぶき煮たから食べてみて」とか「おいしいお菓子もらったからおすそわけ」など近所に住む親戚や友人知人とも、こんな調子で気楽におつき合いしています。そういったかたたちとのご縁は大事ですから、祝儀、不祝儀に備えて袋を常備、きれいな新札もきらさないようにしています。手紙もわりによく書きますね。和紙の便箋に使いなれた筆ペンで書くのですが、「毛筆の手紙をもらったのは久しぶり」などと感激されて……。たいしたことでもないのにと思うのですが……。また、遠くに住む知り合いや何かのご縁で知りあったかた、お世話になったかたなどには、折りにふれ干物など大げさでない当地の名産をお送りすると、とても喜ばれます。そんなことも、都会の若い人にとっては珍しいことでしょうか。

第6条
玄関に出て主人を送り出す

玄関は家の顔。靴が散らかっていたりしてはみっともないので、整理整頓を心がけ、花を飾ってお客さまや家族を見送り、出迎えます。うちの主人は、家業の印刷業を息子にまかせたあと、近くの銀行の役員として勤めに出るようになったのですが、主人が出勤するときには玄関に出て、火打ち石を打って送り出しました。ほら、時代劇でよくやっているでしょ、「気をつけて行ってらっしゃい」というおまじないですよ。火打ち石は、どこかの神社かお寺で見つけて買ったもの。まあ、気休めというか遊び半分の儀式ですが、やっぱり主人が仕事に出かけるときには、感謝と無事を祈る心を込めて、ちゃんと送り出したいものです。また、泊まりがけで出張するときには陰膳《かげぜん》をすえ、無事を祈ります。迷信じみたことかもしれませんが、気は心です。はるみの「主婦の10ヵ条」(「すてきレシピ」24号　巻頭エッセイ)にも玄関で笑顔で主人を見送るという項目があって、同じようなことを考えているのかなと、ちょっとうれしくなりました。

玄関はいつも整理整頓。火打ち石を打って、握手して主人を送り出します。

メモもすべて筆ペンで。ボールペンは使いません。

第7条
覚え書きノートを活用する

その日の予定、やるべき用件、買物のリスト、テレビなどで見てちょっとメモしておきたい情報、ふと浮かんだ俳句など、これもすぐ書きとめておかないと、気の休まらないたちです。それらはあり合わせの紙きれに書いておくと行方不明になりがちなのでノートと筆ペンを常備、そこに書きます。ノートであれば以前のことを確かめることもできますし、日記がわりの覚え書きとしても活用できます。覚え書きノートに記したうえで、なお、その日のうちにしなければならない重要事項はメモにして、茶の間や台所の目につきやすいところに貼っておきます。

第三章

旬の素材、季節の行事を大切に

「今年もきゃらぶきを煮たから、宅配便で送るよ」「お盆のお祭りには、アジずし作って待ってるよ」「明日は彼岸の入りだから、おだんご作らなきゃ」電話で交わす母との会話からは、一日を、そして一年を規則正しく繰り返す律儀な母の暮らしぶりが伝わってきます。春のきゃらぶき、たけのこごはん、夏のアジずし、秋の栗ごはん、冬のイカ大根……。母の食卓には昔も今も新鮮な地の魚や野菜、旬の素材がいっぱいです。とくに主義としているわけではなく、それがいちばんおいしいと、体が知っているのでしょう。季節感だけでなく、母は日本の伝統行事も大切に守り通しています。とくに大切にしているのはお正月と、お盆、お彼岸などの仏教行事。決まりごとはちゃんとやらないとバチがあたると昔の人はよく言いますが、健康で平穏な両親の暮らしを見ていると、ほんとうだなあと思います。

正月

おせちを作り、漆器を揃えて除夜の鐘を待ちます。母の正月じたく。

家業に忙しかった母が、おせち作りにとりかかるのは、仕事納め、大掃除をすませた大晦日。黒豆、数の子、田作り、なます、お煮しめ、昆布巻き、など、ほとんどをうちで作りました。お雑煮用のだしも3日分、暮れのうちに用意しておきます。料理が終わると、今度は雑煮椀や正月膳を納戸から取り出して座敷に並べます。屠蘇《とそ》器、重箱、取り箸、取り皿が揃った一式は30年以上も前、輪島の漆職人に注文してあつらえたもので、黒塗りに家紋を入れたシンプルな美しさは、いまだに色あせることはありません。明けて元旦、母は真新しい白い割烹着を着て台所に立ち、お雑煮を作ります。そしてお重の蓋を開ければ、絵のようにきれいなおせちが目にも鮮やかです。

伊豆のシンボル、なまこ壁の前で。

れんこん、ごぼうなど素材の色を生かした煮しめ。

数の子、だし巻き卵、かまぼこなど、彩りよく盛って。

三が日の朝は、お刺身とおせちで熱燗をいただきます。

黒漆に家紋をつけた、輪島塗りの正月膳。

母の煮物は味に厚みがあって
ほんとうにおいしい。

お煮しめ

これぞ熟練のたまもの——母の煮物を食べるたびにそう思います。野菜の煮しめはお正月だけでなく、ふだんのおかずにもよく登場する母の得意料理のひとつです。筑前煮のように一緒くたに煮ることはせず、別々に煮るのが母のこだわり。中でもれんこんはだし汁、砂糖、酢、塩で煮て、白くしゃきっと仕上げます。こんにゃくは下ゆでして手綱にし、甘辛く煮ます。ごぼうと干ししいたけは、両方とも茶色系なので一緒に、にんじんとゆでたけのこも同じ鍋で煮ます。煮汁はだし汁、砂糖、しょうゆ、自家製のめんつゆなど、素材に応じて加減します。砂糖をしっかりきかせた味なのですが、味に厚みがあってすばらしくおいしい。煮物というと弱火でコトコトと思いがちですが、これは火力を落とさず中火で一気に、煮汁を残さないように煮るのだとか。今回は百合根の甘煮と、さっと塩ゆでしたさやいんげんも添えました。漆の大鉢に盛った姿は豪快で美しく、野菜だけでも充分ごちそうになります。

①野菜は大きさを揃えて大ぶりに切る。

②百合根は1片ずつていねいにはがす。

③れんこんは5㎜厚さに薄切りにする。

④しいたけとごぼうはあくを取りながら煮る。

⑤にんじんとたけのこは一緒に甘めに煮る。

⑥こんにゃくを煮る。隠し味は自家製めんつゆ。

⑦百合根はだし汁、砂糖、塩でさっと煮る。

⑧れんこんはだし汁、砂糖、酢、塩で歯応えよく煮る。

①大根とにんじんはせん切りにし、軽く塩をふる。

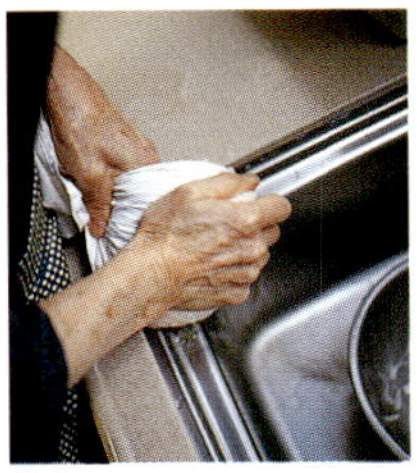
②①がしんなりしたら、ふきんに包み水気をかたく絞る。

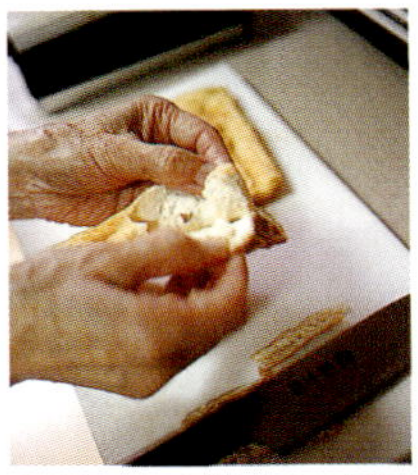
③油揚げは油抜きして破らないように1枚に開く。

④油揚げの白い部分を包丁でしごき取る。

⑤ごまを炒ってすり、④の白い部分を加えてよくする。

⑥油揚げの皮のほうは、細切りにする。

⑦⑥の油揚げを、作りおきのめんつゆで甘辛く煮る。

⑧⑤を砂糖、酢、しょうゆで調味、⑦を加える。

⑨しっかり水気を絞った②の大根とにんじんを加える。

⑩それぞれの具が均一に混ざるよう、手で混ぜ合わせる。

五目なます

母のおせちの圧巻は、なんといっても、ごまあえ風の五目なますです。大根、にんじんのほか油揚げ、干ししいたけの甘辛煮、干し柿なども入れ、ごま酢であえたコクのある一品で、私も毎年必ず作ります。大根とにんじんはせん切りにし、軽く塩をふります。しんなりしたらふきんに包んで水気をかたく絞ります。その絞り方たるやすごい。ふきんの包みにのしかからんばかりに全体重をかける母の気迫には、圧倒されます。干し柿と、お煮しめ用に甘辛く煮たしいたけはせん切りに。ちょっと手間をかけるのは油揚げ。油抜きして1枚に開き、内側の白い部分は包丁でこそげて取っておきます。皮の部分はせん切りにして甘辛く煮含めます。ごまは炒ってからすり鉢ですり、油揚げの白い部分を加え、よくすり合わせます。これがコクのあるあえ衣のコツのよう。砂糖、酢、しょうゆで調味し、せん切りにした油揚げ、干し柿、しいたけを入れ、さっくり混ぜます。最後に大根、にんじんを加えて手で混ぜます。いくつもの味が渾然一体となって、奥深い味わい。中でも、しっかり水気を絞った大根の小気味よい歯応えが、際立ちます。

①白花豆は、たっぷりの水にひと晩漬けておく。

②やわらかくなるまで、電気コンロの弱火で煮る。

③砂糖の分量は豆2合に対して130g。塩も適量。

④煮汁がほぼなくなったら白みつを加え、つやを出す。

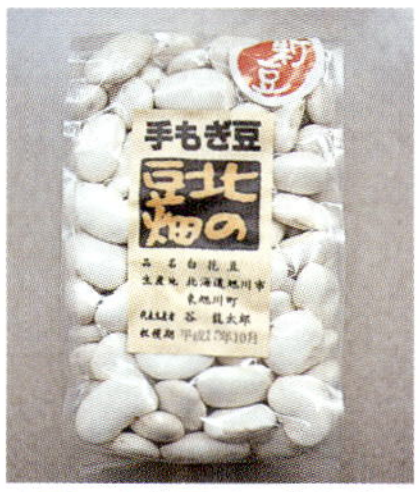

今回の白花豆は、北海道の「大金」から。

白花豆の甘煮

甘辛味の多いおせちの中で、きんとんの甘さはうれしいもの。でも市販品は甘すぎて好きになれないと、母は言います。その代りに、実家では白いんげん豆を甘くやわらかく煮てつぶした自家製きんとんを、よく作っていました。ですが今回は白花豆のいいものが手に入ったので、つぶさず甘煮にしようということになりました。白花豆2合はひと晩たっぷりの水に漬けておき、翌朝火にかけます。煮立ったら電気コンロに移し、弱火で小1時間、コトコト煮ます。充分やわらかくなったら砂糖130gを入れ、とけたところに塩少々を加えます。お正月らしい華やかさもほしいので、最後に白みつを加えてつやを出します。素材の豆さえよければ、ゆでこぼしたりする手間もいらず、調味もいたってシンプル。これなら、忙しい年末でも簡単に作れます。煮豆は、母にとっては手なれたおそうざいですが、象牙色にふっくらと煮上がった姿はすがすがしく、おせちらしい品格も充分。焼き締めの器にもよく合います。

①昆布は使わず、たっぷりの削りガツオでだしをとる。

②だしを火にかけ、塩、みりん、しょうゆで味をつける。

③鶏肉(ささみでもこま切れでも)を入れる。

④油抜きをし、細切りにした油揚げを加える。

⑤軽く焼いたもちを鍋に加える。

⑦ゆでておいたかき菜を加え、しばらく煮込む。

子どものころから、おもちを焼くのは私の役目でした。

お正月は神様、仏様にも、もちとかき菜をお供えします。

お雑煮

実家のお雑煮は、ちょっと変わっています。濃いカツオだしに塩、みりん、しょうゆで調味したおつゆに、具は鶏肉、油揚げ、かき菜(高菜に似た青菜)。焼いたおもちを加え、くたくたになるまで煮て、具をからめて食べるのです。おもちは付近の農家についてもらい、暮れのうちに切っておきます。お雑煮に入れるおもちは元旦が2つなら、二日は3つと、1つずつ増やしていくと縁起がいいのだとか。おもちが大好きな私には、うれしい風習でした。作り方は写真の通り、おつゆに具と焼きもちを入れて煮込むのですが、じつは、これは父と私の好み。母は焼いたおもちに熱いおつゆを注ぐ端正な関東風が好き。母がお雑煮を作っていると、「よーく煮てくれよ」と茶の間の父から声がかかります。ぐちゃぐちゃになって見栄えが悪いのにと言いつつ、父好みのくたくた雑煮を作る母。こうして、父と母は60回以上お正月をともに迎えてきたのだなあと、久しぶりにくたくた雑煮を食べながら、しみじみ思いました。

春

みずみずしく香り豊かな春野菜。常備菜に、酒の肴に、春の息吹を取り込みます。

はらはらと散り急ぐ桜の下を父母とのんびり散歩。ふたり揃って元気に新しい季節を迎えられたことを感謝する気持ちになります。両親が元気なのも、新鮮な地の魚や旬の野菜が身近にある下田のおかげかもしれません。とりわけ春は私も大好きな山の幸が出回る季節。下田から車で15分ほど走ると、みかん畑や山桜に竹林が交じる山里が広がります。この時季竹林に分け入れば、たけのこの穂先があちこちに。またうどやたらの芽、わらび、山ぶきなど山菜も自生します。そんな春の恵みが朝市に並ぶと、母はこのときとばかり料理の腕をふるいます。とくにきゃらぶきやたけのこごはんなどは、とてもかなわないなあと感心してしまうおいしさです。

ポカポカ陽気に誘われて、近所を散歩しました。

たけのこは、掘りたてをゆでます。

「竹林に鍋を持っていけ」といわれるほど、たけのこは掘り出してすぐにゆでることがおいしさの要です。ですから産地でゆでたものを求めるのも、手抜きではなく理にかなった知恵。下田の近くにもたけのこの産地があって、母はときどきはそこで掘ってゆでたものを取り寄せるのだそうです。自分で下ゆでするときには、まず先を落としてからかたい皮を2、3枚むきます。大鍋に水を入れ、茶わん1杯ほどのぬかと赤唐辛子を加えてたけのこを入れ、火にかけます。根元に近い部分に竹串がすっと入るくらいやわらかくなるまで、中火でゆでます。やわらかくなったらそのままゆで汁の中につけて冷まし、洗ってしばらく水にさらしておきます。

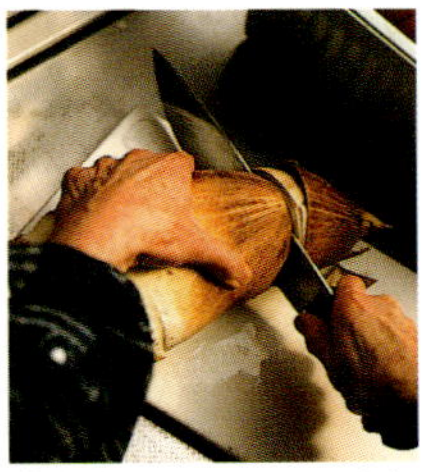

①先端のかたいところを切り落とし、皮を数枚むく。

②ぬかと赤唐辛子を加えてたっぷりの水からゆでる。

③竹串が通るようになるまでゆで、そのまま冷ます。

④充分に冷めたら洗ってしばらく水にさらしておく。

このときの父は86歳。
くわを持つ手も頼もしく。

①ゆでたたけのこは先のほうは縦、根元は輪切りに。

②濃いめのだし汁にしょうゆ、砂糖、酒を加えて煮る。

たけのこの煮物

母のおそうざいをひと言で表現すると、「白いごはんがすすむ味」といえるのではないでしょうか。ですからたけのこも京都風の薄味の若竹煮ではなく、カツオだしがきいた甘辛味に煮ます。ごはんにも合うよう味つけはしっかり、それでいて素材の持ち味がちゃんと生かされているのですから、さすが煮物名人です。たけのこは掘りたてのみずみずしさを存分に味わうため、削り節やワカメは入れず、たけのこだけ単独で煮ます。その分、だしが大事。削りたてのカツオ節をたっぷり使った濃いめのだし汁にしょうゆ、砂糖、酒などで調味します。味加減はたけのこの風味を損なわないよう一歩引いて。その分時間をかけてじっくり煮含め、中まで味をしみ込ませます。同じく上品な甘辛味に煮たうどと盛り合わせ、木の芽を添えると、春の香りが食卓を包みます。

①たけのこのつけ汁を足すのでごはんの味は控えめに。

②たけのこは、先のほうのやわらかいところを使う。

③たけのこにみりん、しょうゆをからめておく。

たけのこ以外のものは入れない、シンプルなごはん。

たけのこごはん

たけのこごはんも、具はたけのこだけ。まず下ゆでしたたけのこの、やわらかい先のほうを適当な大きさに切って、みりんとしょうゆをからめておきます。「はじめからごはんと一緒に炊いてしまうと、せっかくの風味が損なわれるような気がするので、ごはんが炊き上がったところに、下味をつけたたけのこを加える」というのが母のやり方。ごはんはしょうゆ、酒、みりん、塩を加えただし汁で炊きます。後でたけのこのつけ汁が入るので、ここは控えめに。ごはんがぶくぶく吹いてきたら、つけ汁ごとたけのこを入れます。こうすると歯応えもしっかり、たけのこの風味の生きた、おいしい炊き込みごはんに仕上がります。好みで青のりをふっていただきます。（炊飯器は機種によって、炊飯中に開けてはいけないものもあるのでご注意ください）

毎年作るきゃらぶきを楽しみにしているファンも。

きゃらぶき

つややかなあめ色、ほろ苦い野生の風味、ほどよい甘辛さ。野生の細い山ぶきの皮を1本1本むいて、数日がかりで煮込んだ母のきゃらぶきは、ほんとうにおいしい。ふきは、まずさっと熱湯に通して皮をむき、切ります。大鍋に入れ、しょうゆと酒、だし汁少々を加えて強火にかけます。20分ほど煮たらいったん火を止め、味をなじませます。しばらくおいて再び火を入れ、また止めおく、これを3回ぐらい繰り返すと赤茶色だったふきがだんだん黒くなってきます。そこで水あめを入れます。砂糖やはちみつでもいいのだそうですが、水あめだと、あの独特のつやが出るのです。30分ほど煮てやわらかくなったら、さらにしょうゆを加えてもうしばらく煮ます。これででき上がりなのですが、翌日もう一度火を入れ、味を調えます。これを3日間ほど繰り返すと、色も味わいもぐんと深みを増します。皮をむく手間を惜しまず、気長に少しずつ煮る、それがあのおいしさの秘訣のようです。私が結婚して以来、春になると欠かさず届く、母のきゃらぶき。うちでは夫と息子が大好きで、いつも楽しみに待っています。手間をかけて作られたこれを食べると、母が変わらず元気でいるという何よりの証拠に思えて、うれしくなるのです。

①さっと熱湯に通し水にさらし頭のほうから皮をむく。

②4㎝ぐらいに長さを揃えて切る。

③しょうゆ、酒、だし汁少々で煮る。火加減は強。

④赤茶色がつややかな黒に変わるまで、繰り返し煮る。

⑤水あめを加える。ときには砂糖やはちみつも補って。

⑥冷蔵保存し、火入れを繰り返すと、1年近くもつ。

スーパーには下ゆでして束ねたものも売られています。

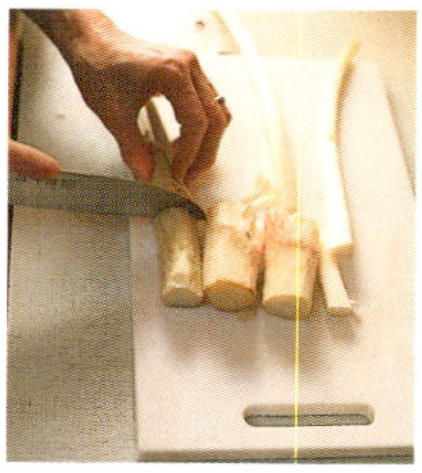

①うどは長さをきちんと揃えて切ってから薄く切る。

②やわらかいところだけを使いたいので皮は厚くむく。

③ごまをすり、みそ、すし酢、白みつなどで調味する。

うどの酢みそあえ

しゃきしゃきした歯ざわり、ほろ苦い風味が季節の息吹を感じさせる、うど。山うどが出回ると、母はそれを甘辛く煮含めたり、甘酢漬けにしたり、酢みそあえにしたりします。今回作ってもらったのは、あえ衣をちょっと工夫した酢みそあえ。うどは4㎝ぐらいの長さに切って厚めに皮をむき、薄切りにします。皮はきんぴらにするとおいしい。見た目のきれいさを尊重する母は、まるで計ったようにきっちりと揃えて切ります。それを水につけてあくを抜きます。あえ衣はすりごまを入れたごまみそに。炒ったごまをすり鉢ですり、みそ、市販のすし酢、白みつなどを加えてすります。すりごまの入った酢みそは、こくがあって味もまろやか。うどの清涼感が引きたちます。ちなみにうちでは、うどを薄切りにしてバターで炒め、ステーキのつけ合わせにするのが定番。「そんな洋風の食べ方するの？」とけげんな顔をする母に、いつかごちそうしてみたいものです。

うどの皮はきんぴらにするから厚くむいてもいいの。

①わけぎは大きな鍋にたっぷりの湯をわかしてゆでる。

②まな板の上にきっちり揃えて並べ、均等に切る。

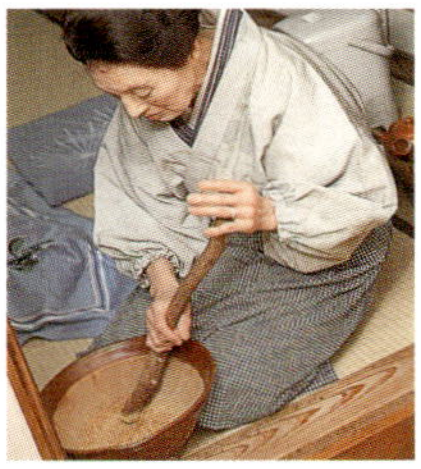

③ごまを炒ってすり鉢でよくする。おなじみの光景。

④みそ、砂糖、すし酢を加えてよく混ぜる。

⑤あえ衣には最後にしょうがのすりおろしを加えて。

わけぎのぬた

近所の農家から届けてもらった、みずみずしいわけぎ。

もうひとつ春から初夏にかけて母がよく作る酢みそあえは、わけぎ。わけぎは近所の農家から取り寄せたもので、根元が白くぷっくりふくらんでいるのがおいしいのだそうです。わけぎはたっぷりの湯でゆで、粗熱がとれたら均等に切り、ふきんに包んで水気を絞ります。母は、あえ衣の酢みそに練りごまを加えます。ごまは炒ってすり鉢ですり、そこにみそ、砂糖、市販のすし酢、しょうがのすりおろしを加えてよくすります。ここに先ほどのわけぎを加えて、さっくり混ぜます。あえ衣にはひと手間かけてこくをプラス、具はよけいなものは入れずにわけぎだけ、とシンプルに。味の足し算と引き算がぴたりと合って、心憎いばかりです。

初夏

目に青葉のしみる初夏。父の大好物、カツオが旬を迎えます。

「うわあ、重い！」「おお、うまそうだなあ」。近海から揚がったばかりのカツオが、朝日をあびて銀色に輝く伊豆・下田漁港。父の大好物はなんといってもカツオの刺身。たたきにはせず、たっぷりのしょうがとしょうゆをつけていただきます。鮮度抜群なので生臭さはまったくなく、引きしまった身はマグロにまさるとも劣りません。脂ののったお腹の部分は塩焼きに、肝はみそ煮に、骨からはだしをとっておつゆにと、カツオを食べるためだけにでも初夏の下田は訪れる価値があります。5月は、黒船来航を記念する下田最大の祭り「黒船まつり」も開催されます。了仙寺はじめ、街のあちこちに植えられたアメリカンジャスミンが見ごろを迎えるのも、このころです。

豊かな美味の幸をもたらしてくれる下田の海に感謝。

下田漁港で。年によりますが、5月がカツオの旬。

夕闇せまる海岸を散歩。ふたりとも長生きしてね。

下田のカツオ

「カツオってこんなに鮮やかな色だったの？　東京のカツオはもっと黒ずんでる」「全然、臭みがない」「身がしまってる！」下田のカツオを食べた人は、皆驚きの声を上げます。上の写真はなじみの魚屋さんにつくってもらったカツオの刺身。玉虫色に光る鮮やかな赤い色、箸で持ち上げてもピンとしている身は、鮮度抜群の証拠。漁場が近い下田では古くから小型漁船による沿岸漁業がさかんで、水揚げされる魚の鮮度には定評があります。カツオも八丈島、三宅島周辺の近海で釣りあげられ、すぐさま氷でしめられて早朝のせりに出されます。黒潮にのって回遊するカツオは、年によって水揚げ量の変動が大きく、下田ではこのところ不漁続きだそうでちょっと残念。たくさんとれたころは、カツオを専門に扱う魚屋さんやカツオ節、ナマリを作る店も市内にあったと、母は懐かしそうに語ります。

本ガツオ、惣太ガツオの両方が水揚げされます。

①カツオの中骨は、器に入る大きさに切り分ける。

②水がきれいに澄むまで、水を替えながらよく洗う。

③ぐらぐらに沸かした湯で、一度さっとゆでる。

④ざるに上げて湯をきる。ここまでが下処理。

⑤ていねいにあくをすくう。味つけは塩をきかせて。

カツオの潮汁

かって市内にも数軒あったカツオ専門店では、身をさばいたあとの骨や肝をなじみの客にただで分け、家庭ではそれを煮たりだしを取ったりして、とことん食べつくしました。そして最後に残った骨は、再び回収されて肥料にされたのだそうです。実家でも、母はよく骨で潮汁《うしおじる》を作りました。中骨は、お椀に入るくらいの寸法に切って流水で念入りに洗います。それを一度さっとゆでこぼしてから鍋に入れて、水を加えて弱火にかけます。味つけは塩のみ。塩味をきっちりときかせ、こまめにあくをすくうと、生臭さはまったくなくなります。わけぎや細ねぎを加えてさっと煮てお椀によそうと、タイの潮汁に負けない上品なおつゆに仕上がります。

ハラモの塩焼き

ハラモとは、脂ののった腹身のこと。サケでいえば、ハラスの部分にあたります。カツオのハラスが食べられるのも、下田ならではの幸せ。こればかりは、実家に帰ったときのお楽しみです。

ハラモはシンプルな塩焼きがいちばん。焼くほどに脂がじんわりにじみ出て見ているだけでもうゴクリ。大根おろしを添え、炊きたてのごはんと一緒に食べると、止まらないおいしさです。

①ハラモはお腹の部分。サケのハラスに当たるところ。

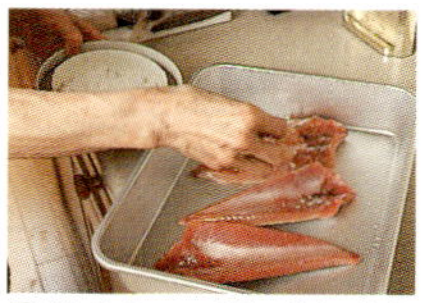

②塩をふってしばらくおく。あとは焼くだけ。

③焼くほどに脂がにじみ出る。ごはんにぴったり。

ホシのみそ煮

ハラモ以上にもっと珍しいのは、ホシのみそ煮。ホシとは心臓のことで、星のような形をしているところからそう呼ばれるようです。ホシはよく洗って、一度ゆでこぼします。それを酒、砂糖、みそ、しょうゆ、自家製のめんつゆで味を調えた煮汁に、しょうがの薄切りも加えて煮含めます。レバーのような砂肝のような食感で、甘めのみそ味がよく合います。

①ホシは、カツオの心臓。水でよく洗う。

②レバーや砂肝などと同様、一度ゆでこぼす。

③調味は酒、砂糖、みそ、しょうゆ、めんつゆで。

④濃厚な味を、じっくり煮含めるように仕上げる。

ナマリときゅうりの酢の物

カツオの身をゆでたものがナマリ節。ゆでただけのやわらかいもの、ゆでたあといぶしたものなどいろいろあるようですが、現在伊豆半島で作られているのはソフトカツオ節といった感じの、堅く乾いたものです。ナマリを使って母がよく作るのは、きゅうりとの酢の物。きゅうりは小口切りにして塩をふり、重しをしてしばらくおきます。手でもみこまず、自然に塩がまわるのを待つのが母のこだわり。しゃきしゃきとした食感をこわさないためです。しんなりしたら、ふきんに包んで水気を絞ります。合わせ酢には普段はだし汁を加えるのですが、ナマリそのものがうまみのもとなので、すし酢と砂糖だけに。酢の物にするとナマリがしっとりして、なれない人でも食べやすくなります。仕上げにはせん切りのしょうがを。

①ナマリはえんぴつを削る要領で、包丁で削る。

②小口切りにしたきゅうりに塩をふって、重しをする。

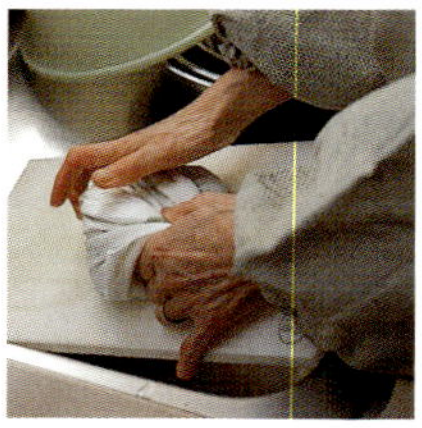

③きゅうりはふきんに包んで水気を絞る。

きゅうりは歯応えが残るよう、薄すぎず厚すぎずに。

カツオ節に近いこのナマリは、西伊豆の田子のもの。

ナマリのおろしあえ

これは、私が子どものころの朝ごはんの定番でした。ナマリを削り、大根おろしを添え、しょうゆをかけるだけなので、子どもでも作れるし、白いごはんがいくらでも食べられて便利だったのでしょう。今でもときどき食べたくなる、懐かしい味です。そんなふうに昔から食べなれていたせいか、私は今でもナマリを酢の物に入れたり、ふき、ピーマン、いんげんと煮たり、ツナのように気軽に使っています。派手さはないけれど、味わうほどにうまみが感じられて、料理の脇役としては重宝な食材だと思います。

夏

八月のお盆は下田太鼓祭り。アジの押しずしをふるまって祭り気分を盛り上げます。

一年でいちばん下田の町が活気づくのは、やはり夏。海辺のホテルや民宿はどこもいっぱい、いつもは静かな町の商店街も、家族連れや観光客でにぎわいます。そのピークは8月14、15日の下田太鼓祭り。この祭りは八幡神宮の例大祭で、みこし、太鼓台が次々と町へ繰り出し、おはやしを奏で、太鼓を打ち鳴らしながら通りを練り歩き、最後には空中高く太鼓橋を形作るという勇壮な祭りです。私も子どものころゆかたを着て、父に手をひかれ太鼓台を引いたことを覚えています。その太鼓祭りに欠かせないのが各家庭で作るアジの押しずし。祭りの前夜から下ごしらえ、当日の朝からかかりっきりで母は40個の押しずしを作り、家族に食べさせ、近所にも配ります。

御道具といわれる小さなみこしをつなぎ、両側から押し上げてその勢いで弧を描くように橋を作ります。

下田のお祭りも久しぶり。なんだかワクワクします。

唐人お吉がやっていた小料理屋があったところ。

ペリー艦隊来航記念碑。下田は、黒船来航の地です。

海はやっぱりいいなあ。はだしでじゃぶじゃぶ。

海を見ると、いろいろなことを思い出します。

押し型にぴっちり詰められた、アジずしのきれいなこと。

伊豆のシンボル、なまこ壁も今は少なくなりました。

町のあちこちに昔のままの姿が残っていて懐かしい。

アジを開く

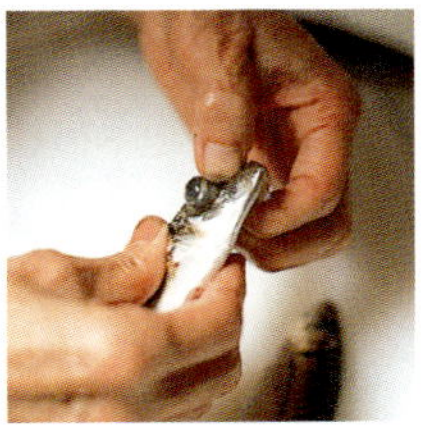
①親指で頭を押さえ、目玉を取り除く。

②身や皮をくずさないようゼイゴ、背ビレなどを取る。

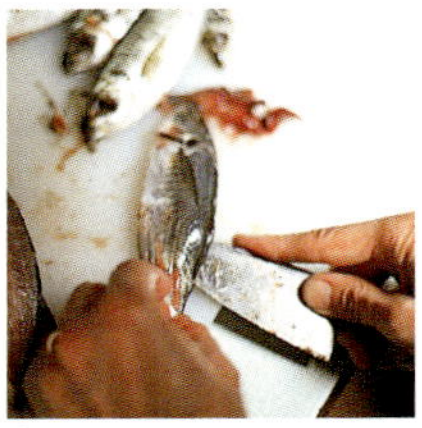
③背側に包丁を入れて中骨にそってすべらせ、開く。

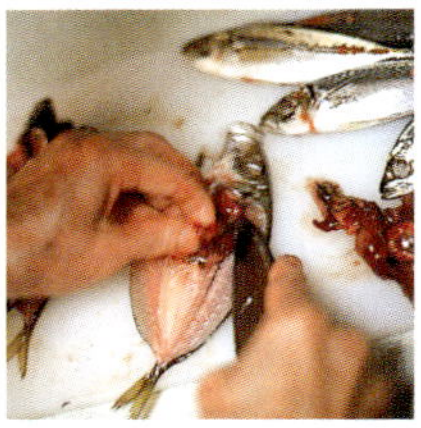
④内臓、エラなどをていねいに取り除く。

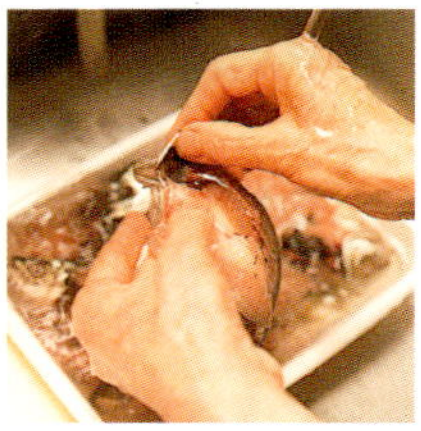
⑤流水にあて、内臓などが残らないようきれいに洗う。

⑥斜めにしたまな板に並べ、水をきる。

塩をふる

⑦粗塩をふる。頭、骨には多めに、身の部分は軽く。

⑧ひと晩おき、翌朝流水にあて、塩をざっと洗い流す。

酢につける

⑨水気を拭いて、1～2時間酢につける。

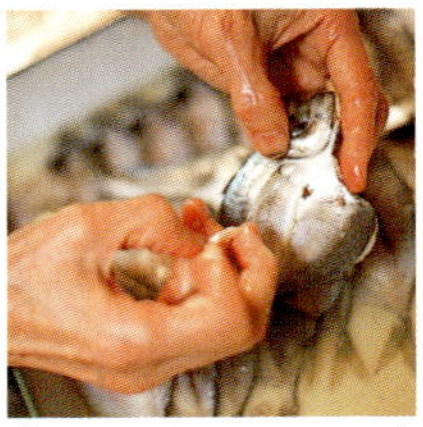
⑩身をくずさないように中骨をはずす。

⑪3時間ほど甘酢に漬けておく。きれいな色になる。

すし飯を作る

⑫すし酢は市販品に白みつを加えて甘口に。

⑬粗熱がとれたらすし飯を片手で軽く握ってまとめる。

⑭すし飯はアジの頭に入れやすいよう、先をとがらせる。

詰める・押す

⑮アジを両手ではさむようにして、甘酢を絞る。

⑯丸めておいたすし飯を、はみ出さないよう詰める。

⑰押し型の底に甘酢をふり、8個ずつきれいに並べる。

⑱しょうがの甘酢漬けの薄切りをのせる。

⑲⑱の上に葉蘭をのせて、蓋をする。

⑳2時間～半日、重しをのせておくと、でき上がる。

アジずし

下田のアジずしは、7、8㎝のアジを開いて頭ごと酢じめにし、すし飯を詰め、型に入れて押した、いわばアジの姿ずしです。母の味を覚えておきたいと思うようになったのは、じつはこのアジずしがきっかけでした。気の遠くなるような細かい下ごしらえをいとわず、少しでもきれいに食べやすくおいしくと、丹精こめて作られたアジずしは、誰もが絶賛するおいしさで、母の味の最高峰といっても過言ではありません。祭りが近づくと母は専用の押し型などの道具を取り出し、アジ40尾をなじみの魚屋さんに注文します。前の晩から2日がかりで、40尾のアジを1尾1尾頭から丸ごと食べられるようにていねいに処理し、ごはんを3合炊いてすし飯を用意、8個入りの型5個分をひとりで作ります。そのおいしさといったら……。またひとつ、もうひとつと手がのびて、見る間にお皿はからっぽ。母はそれを満足そうに見ています。今年も大仕事が終わってやれやれだ、と言いながら、でもうれしそうに。

専用の押し型。よく洗って乾かし、来年に備えます。

①きゅうりは薄く切りすぎない。塩も控えめに。

②器に水を入れて重しにし、20分ぐらいおく。

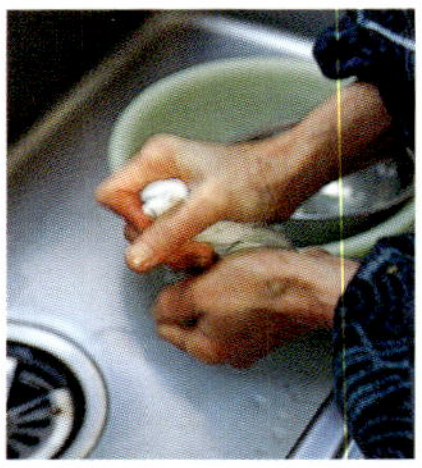

③ふきんに包み軽く水気を絞る。力を入れすぎないで。

④ごま、だし汁、砂糖、すし酢、しょうゆであえる。

きゅうりのごま酢あえ

ぐちゃぐちゃでなく、しゃきしゃき。母のきゅうりもみの身上はその食感にあります。第1のポイントは切り方。薄すぎると歯応えがなくなるので、適度な厚みのある小口切りにします。2つめは塩加減。塩が多すぎるとしんなりしすぎるので控えめに。3つめは絞り具合。ぎゅうぎゅう絞るとそれまでの苦労が台なしになるので、ふきんで包んでそっと。すると姿も食感も、きゅうりってこんなにおいしかったの、と、感動するような仕上がりになるのです。きゅうりもみは、三杯酢のほか酒粕であえることもあるそうですが、今日はごま酢あえに。ごまをすってだし汁、砂糖、市販のすし酢、しょうゆなどを加えて好みの味に調えます。すり鉢の中できゅうりをさっくりとあえて器に盛ります。こくのあるまろやかな味、しゃきしゃきと快い歯ざわり。涼感あふれる一品は、夏の食卓にぴったりです。

①さやの両端をはさみで切ると食べやすく、体裁もいい。

②塩をまぶして、節目にこすりつけるように混ぜる。

枝豆

日本酒党の父も、夏はまず枝豆でビールを1杯。枝豆は、旬のうちはたいてい枝つきで買います。さやの両端をはさみでちょんちょんと切ってすり鉢に入れ、塩をふって、手でこするようにかき混ぜます。こうするとうぶ毛やあく、汚れが取れてきれいにゆで上がるからと、子どものころもよく手伝わされました。今にして思えば、ずいぶんていねいな下ごしらえだと感心しますが、母は「毛むくじゃらの枝豆なんていやじゃない」と当たり前のようにやっています。たしかに緑色もさえざえと、口当たりよく仕上がっておいしいものです。

子どものころのお手伝いを思い出します。

秋

柿やみかんの色づく里の秋。煮物や蒸し物が、しみじみおいしくなる季節です。

秋の大賀茂ではみかん狩りもできます。

海水浴シーズンが終わって秋風がたちはじめると、伊豆の海は静けさを取り戻します。下田市の西、大賀茂あたりの早生《わせ》みかんや柿が色づいて、いよいよ実りの秋の到来です。秋といえば、新米。炊きたての白いごはんにこっくりと味のしみ込んだ煮物、みそ汁、お漬物。秋は、母の味がとりわけおいしく感じられる季節でもあります。母は、炊き込みごはんもよく作ります。春のたけのこ、グリーンピース、秋の栗、まつたけ。季節感あふれる炊き込みごはんはそれだけでごちそうで、子どもの頃は何よりの楽しみでした。一方、苦手だったのはとろろ。あの独特の食感がいやだったのですが、大人になってそのおいしさに目覚め、あらためて母に作ってもらいました。

トロ箱に入ったままの丸の魚も、下田では健在です。

さといも、さつまいもなどの根菜もおいしい季節。

干物の天敵はカラスと猫。こんな光景も減りました。

大賀茂のみかん園にて。たわわに実ったみかん。

①栗をむく。子どもの頃、よく手伝わされました。

②新栗は甘みが足りないことがあるので、砂糖を少々。

③油揚げは油抜きして、細く切る。これが隠し味。

④栗の風味をそこなわないよう、だしは昆布で取る。

⑤だし汁、薄口しょうゆ、塩、酒で控えめに調味。

⑥水加減、炊く時間は普通のごはんと同様に炊く。

⑦炊き上がったら、上下を返すようにさっくり混ぜる。

栗ごはん

秋になると真っ先に登場するのが、栗ごはん。栗のほくほくした甘みがもち米入りのごはんとよく合って、家族みんなの大好物でした。新栗は甘みが少ないので、砂糖少々をまぶします。母の炊き込みごはんは旬の素材を生かすため、あれこれ具を入れないのが特徴。栗ごはんも具は栗だけなのですが、実は隠し味があります。細かく切った油揚げが、それ。見た目にはわからないのですが、食べてみるとそこはかとないこくがあって、さりとて栗の邪魔にならず、なるほどと感心させられます。だしはカツオ節よりくせのない昆布で取り、色も上品に仕上げたいので、薄口しょうゆ、塩、酒で調味。何事も控えめに、というのが炊き込みごはんの心得でしょうか。白米に2割程度のもち米を混ぜ、栗、油揚げ、調味しただし汁を加えて炊飯器で炊き、白ごまをふっていただきます。

栗は大粒のものは甘露煮に、小ぶりのものはごはんに。

①なすは縦半分に切り、格子状に切り込みを入れる。

②水に放してあくを抜き、ざるに上げ、水気をきる。

③油で揚げる。バットに上げて油をよくきっておく。

④すりごまに、八丁みそ、砂糖、だし汁を加える。

なすのごまみそあえ

夏から秋にかけて、毎日のように食卓に並ぶ野菜といえば、なすです。揚げて、煮て、炒めて、みそ汁の具にと、父も母もなすが大好き。とくに素揚げにしてごまみそであえた、これはうちの子どもたちにも人気の一品です。なすは縦半分に切り、皮目に格子状の切り込みを入れ、水に放してあくを抜きます。これを素揚げにします。あえ衣には八丁みそを使うのがポイント。ごまを炒ってすり鉢ですり、八丁みそ、砂糖を加え、だし汁を加えながらのばしていきます。素揚げにしたなすは油をよくきって、すり鉢に入れ、さっくりと混ぜてあえます。針しょうがを天盛りにして、でき上がり。甘辛の、めりはりのきいた八丁みそに、まろやかなごまの風味が加わったあえ衣が、ほどよく油を吸ったなすに調和して、とろけるようなおいしさ。冷やしてもおいしく、ごはんにも、ビールにもよく合います。

八丁みそは愛知が本場。具のみそ汁にも使います。

スープを作る

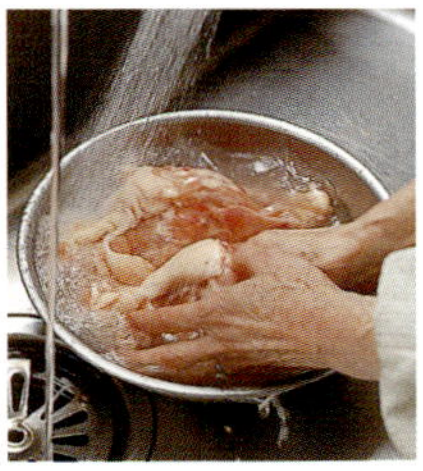

①だしスープの決め手となる鶏ガラは流水でよく洗う。

②大鍋に鶏ガラ、水を入れて火にかける。

③煮立ったらアクをとり、削り節を加える。

④ひと晩ねかせてから、ガーゼでこす。

とろろを作る

①まるで仙人の杖のような風情の自然薯。

②皮をむく。手がかゆくなるときはふきんにのせて。

③おろし器ですりおろす。安定感のあるものが便利。

④すり鉢に移す。もちのような弾力、粘り気が特徴。

⑤なめらかになるまでひたすらすり続ける。

⑥酒、卵を加えて根気よくすり混ぜる。

⑦温めたスープを周囲から少しずつ加えて混ぜる。

⑧する人、押さえる人。二人がかりの真剣勝負。

とろろの日の父の酒の肴はマグロの山かけです。

とろろごはん

実家の、秋ならではのごはんといえばとろろごはん。コシの強い自然薯《じねんじょ》をすり、濃厚な鶏ガラスープでのばすのが特徴です。だしスープは鶏ガラと削り節を使って取り、しょうゆ、みりん、自家製のめんつゆ、塩で調味します。自然薯《じねんじょ》はおろし器ですりおろし、すり鉢に移してよくすります。コシが強くもちのような弾力があるので、なかなかの力仕事。遠心力を利用する要領で、リズミカルにひたすらすります。ここからは、二人がかりの真剣勝負。酒を少しずつ加え、さらに卵を加えるのですが、そのタイミングは、すりこ木から伝わる手応えで判断します。さらにころあいを見計らって、人肌に温めたスープを少しずつ加えていきます。その間、母はすりこ木を回しっぱなし。二人の息がぴたりと合っていないといけません。さあできた、となればとろろ入りのすり鉢を食卓におき、それぞれが麦入りごはんにかけながらすすり込み、競うように何杯もお代わりするのです。

のり、あさつきをのせ、ずずーっといきます。

仏事

お彼岸、お盆、達磨忌、お施餓鬼……
先祖を敬い、仏様を大切にする暮らし。

私は朝起きると、まず仏様にお茶とお水をお供えします。これは母がやっているのをずっとそばで見てきて自然に身についた習慣です。母は毎朝欠かさず神棚と仏壇を拝みますし、お彼岸やお盆には故人の好きだったものを作ってお供えします。父は長年菩提寺の檀家総代を務めていて、お寺の行事の手伝いをしています。とくに達磨《だるま》忌（禅宗の始祖・達磨大師の命日）、お施餓鬼《せがき》（盂蘭盆会《うらぼんえ》）などたくさんの人が集まる法要のときには、檀家の奥さん総出で五目ごはんや太巻きすしを作るので、母はその取りまとめ役としてかり出されるのです。参詣客をもてなすそれらの料理は、普段うちでもよく作る母の得意料理のひとつです。

毎朝ご先祖さまにお供えをして、拝みます。

春秋のお彼岸には、おだんごを作って仏壇に供えます。

実家の菩提寺・大安寺の住職さんご一家と、うちの両親。

達磨忌に、お寺のご本尊にお供えするお膳。

達磨忌には檀家の奥さんが100人分のおすしを作ります。

下田の各お寺から集まったお坊さんがたに五目ずしをふるまいます。

「ご先祖さまに感謝する気持ちは忘れたくないね」

①にんじんは太さ、長さをきちんと揃えて切る。

②にんじん、かんぴょう、油揚げなどを甘辛く煮る。

③②を冷ます。蓋の湯気が落ちないよう和紙をはさんで。

④錦糸卵は厚すぎず細すぎず、きれいに揃えて。

⑤盤台にごはんを入れ、すし酢をふり入れ、混ぜ、粗熱をとる。

⑥②を汁気がなくなるまで煮て、⑤に混ぜる。

⑦やさしい酢加減のごはんと、甘辛味の具がよく合う。

五目ずし

にんじん、かんぴょう、油揚げ、干ししいたけなどを細く切ってしょうゆ、砂糖、みりんで甘辛く煮て、それを煮汁ごとごはんに混ぜた五目ごはん。小さいころ祖母がよく作ってくれた、なつかしい思い出の味です。大勢の人が集まるお寺の法要では、檀家の奥さん総出で、100人分も作ることもあります。母はそれをもっとおいしく、もっときれいにと、混ぜずしのようにアレンジしました。ごはんは心もちかために炊き、熱いうちにすし酢をさっくりと混ぜます。酢加減は普通のすし飯より軽く、ほんのり風味がつく程度に。具の材料は変わりませんが、母はごはんが汚なくなるからと、汁気がすっかりなくなるまで煮含めます。それをすし飯に加えて、混ぜます。糸のようにきれいに切った錦糸卵、紅しょうが、絹さや、酢ばすをのせてでき上がり。「今日は干ししいたけの代わりにきくらげにしてみたの」と言われて、そのこりこりした歯ざわりに納得。伝統的な味も、少しずつ自分らしく変えてみるところが母らしいなあと、感心しました。

かんぴょうの含め煮

①かんぴょうは、巻きすの幅に合わせて切っておく。

②塩でもんで水洗いし、やわらかくなるまで下ゆでを。

③だし汁、砂糖、めんつゆで甘めに煮含める。

④自家製のめんつゆの代わりに、しょうゆでもいい。

⑤じっくり味を含ませたいので、前夜から煮ておく。

ムツのそぼろ

①これがムツ。焼いてから煮て食べても、おいしい。

②頭と腹ワタ、尾を取り除き、水からゆでる。

③冷めてから骨と皮を取り除き、身をほぐす。

④水の中で身をほぐし、ふきんに取って絞る。

⑤酒、砂糖、塩で調味して炒り煮にし、色をつける。

卵焼き

①白みつを加える。とけやすく、焦げむらがつかない。

②適度な厚さになるよう、ふんわり両面を焼く。

しいたけの含め煮

干ししいたけは戻して、かんぴょうと同様に煮る。

きゅうり

歯応えと彩りを考えて、白い部分は削りとる。

巻き方

①市販のすし酢に白みつを加えて、甘めのすし飯に。

②巻きすに焼きのりをおき、すし飯を薄く平らにのせる。

③具をおくところをへこませる。まずかんぴょうから。

④そぼろ、しいたけ、卵、きゅうりの順におく。

⑤巻きすを持ち上げ、手前から巻く。

⑥ひと巻きしたら止めて、ぐっと力を入れる。

⑦両端も無駄にしないようすし飯を詰めて形を整える。

⑧包丁をぬれぶきんで拭きながら、均等に切る。

太巻きずし

母の太巻きずしにはかんぴょう、干ししいたけ、ムツのそぼろ、卵焼き、きゅうりと、5種類の具が入ります。かんぴょうとしいたけは「サッサカサーッと煮る」のではなく、じっくり味を含ませたいので、前の晩から煮ておきます。そぼろはムツがいちばん。東京のスーパーで売られている切り身とは違う種類だと思いますが、下田ではよく食べます。ムツはゆでてから、骨や皮を取り除いて身をほぐして甘めに炒り煮にし、食紅でほんのり色をつけます。口当たりがいいように、ていねいに下ごしらえしたそぼろは、しっとりなめらか。下品な桃色にならないようにと、食紅の量にも細心の注意を払います。卵も焦げ目のないきれいな黄色に仕上げるために、砂糖でなく、白みつを加えて焼きます。きゅうりも緑の色合いとぱりぱり感が大事なので白い部分は取り除きます。こうするとおすしの切り口に茶色、ピンク、緑、黄色と彩りよく現われて、ほんとうにきれい。おもてなしにもぴったりです。

おまけの握りずし

①太巻き用のすし飯を軽く小さめに握る。

②ラップを使うと衛生的で形作りやすい。

③卵焼きの切り込みから、下のそぼろがのぞいて。

④太巻きににぎりを添え、法要の時にはおみやげに。

盤台、巻きすなどは洗って陰干ししておきます。

下田の焼きのり。適度な厚みがあっておいしい。

冬

年が開ければ、もう早春の気配。菜の花、桜、水仙……下田の冬は百花繚乱です。

みかんのシーズンが終わると、伊豆は冬を通り越したように一気に花の季節を迎えます。1月には農家の畑は早くも菜の花の黄色に染まり、園芸農家は花の出荷に活気づきます。下旬には、下田市の隣町にある河津温泉では早咲きの桜、河津桜がほころび始めます。続いて観光客でにぎわうのは下田港の東側に突き出た須崎半島の爪木崎《つめきざき》。300万本もの野水仙が咲きみだれ、あたりは甘い香りに包まれます。この時季母がよく作るのは、大根や青菜の煮汁たっぷりの椀物や、あつあつの蒸し物。15ページでご紹介した鍋焼きうどんも、冬の定番です。うまみを増した旬の素材を使い、手間を惜しまず作られた母の味には、心も体も温められます。

水仙を見に、父と須崎半島の爪木崎を訪ねました。

温州《うんしゅう》みかんが終わると、別の柑橘類が実ります。

冬場にとれる岩のりの高級品、「はんばのり」。

ごはんにはんばのり、削りガツオ、しょうゆ少々を。

下田公園やタライ岬遊歩道ぞいの椿もみごと

①アジのすり身をすり、しょうがの絞り汁、片栗粉を。

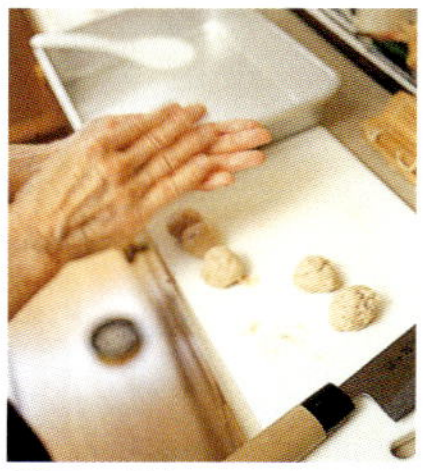

②酒、砂糖、みそなどで調味し、だんご状に丸める。

③すいとん用の小麦粉をふるう。

④ぬるま湯を加えて練り、ほどよいかたさにする。

⑤昆布だしを煮立て、②のつみれ、玉ねぎの薄切りを。

⑥つみれが浮き上がってきたら、すいとんを入れる。

⑦つみれと形を変えて、すいとんは手でちぎって。

⑧しょうゆと塩で味をつけ、あつあつをすすめる。

つみれ入りすいとん汁

ごはんがちょっと足りないときなど、母はうどん代わりによくすいとんを作ってくれました。アジのつみれも、煮たり揚げたりおつゆにしたりと、しょっちゅう食べていた記憶があります。その2つが入った体の温まる素朴な汁物が、これ。アジのつみれは、アジを3枚におろして皮を取り除き、フードプロセッサにかけてすり身にします。それをすり鉢に移して、さらにねっとりするまですり、しょうがの絞り汁、片栗粉を加え、酒、砂糖、みそで調味します。すいとんは、小麦粉をぬるま湯で練ります。だし汁はいつもはカツオなのですが、今日は昆布で。それを煮立てて、だんごに丸めたつみれをぽんぽん入れていきます。薄切りにした玉ねぎも入れます。つみれが浮き上がってきたら、すいとんをちぎって入れ、10分ほど煮ます。味つけはしょうゆと塩で。アジのうまみたっぷりのおつゆとすいとんの組み合わせは、しみじみとしたおいしさ。さらにかぼちゃやなすを入れて具だくさんにすると、ボリュームのあるおかずになります。

ロールキャベツ

母のロールキャベツは、白いごはんに合うように、味つけは和風です。キャベツは芯のかたいところをそいで、大鍋で破らないようにゆでます。合びきに玉ねぎのみじん切り、とき卵、パン粉、塩、こしょうをよく混ぜ合わせて、俵形にまとめておきます。それをゆでたキャベツで包み、油をひかないフライパンで軽く焼き色をつけます。鍋に市販の中国風スープを煮立てます。母はこういうインスタント品はめったに使わないのですが、和風の煮物でもひと味足りないときのかくし味に使うこともあるとか。そのスープに、ロールキャベツを入れ、煮くずれないよう落とし蓋をして静かに煮ます。味を見てしょうゆを加え、水どき片栗粉でとろみをつけます。箸で食べやすいよう、ひと口大に切って盛りつけます。スープは思いのほかくせがなく、和風好みの人にも食べやすい一品です。

①キャベツは、芯のかたいところはそいでおく。

②大鍋に湯を沸かし、破かないようキャベツをゆでる。

③ひき肉、玉ねぎみじん切り、卵、パン粉などを混ぜる。

④まとめた肉をキャベツで包む。余った部分は切る。

⑤油をひかないフライパンで、軽く焼き色をつける。

⑥スープで煮て、水どき片栗粉でとろみをつける。

母さんの洋食は、ごはんにも合う和食味ね。

①なめらかに仕上げるため卵液はざるでこす。

②電気コンロのとろ火で約20分、ゆっくりと蒸す。

茶碗蒸し

やさしい卵色の表面をスプーンですくって口にふくむと、つるんと舌の上をすべるようにのどに落ちていく……。子どものころ風邪をひいて食欲がないときでも、この茶碗蒸しだけは食べられたものです。母の茶碗蒸しの具は、缶詰のホタテ貝の水煮と三つ葉とへぎゆずだけ。シンプルなだけに、素材の味と作り手の腕が問われます。味の決め手は、なんといってもだし。昆布をひと晩水に漬けておき、翌朝火にかけて煮立つ前に引き上げ、たっぷりの削りガツオを入れて一番だしを取ります。「削りガツオもあんまり煮立てないで。あっさりしただしにしておかないと、せっかくのホタテ貝の風味が生きないからね」、と母。卵2個に対して、だし汁2カップぐらいを混ぜて卵液を作り、ざるでこします。味つけは、ほんの少々の塩としょうゆ。薄すぎるくらいがちょうどいいそうです。もうひとつのポイントは蒸すときの火加減。ここで登場するのが、私の祖母の代に金物職人さんに作ってもらった蒸し器です。これを電気コンロにのせ、600ワットのとろ火で約20分。つるりとなめらかな茶碗蒸しができ上がります。

①イカはワタを取り除いて、食べやすく切る。

②下ゆでした大根は、昆布ごとだし汁で煮る。

③イカを加えて味を調え、落とし蓋をして煮る。

④とろ火でコトコト煮るには、電気コンロが便利。

⑤おつゆがおいしいので、たっぷりとよそって。

イカ大根

冬になると母がよく作るおそうざいのひとつに、旬の素材をたっぷりのおつゆで煮た椀物があります。イカ大根もそのひとつ。コトコトと煮た大根はとろけるようにおいしく、イカのうまみを含んだおつゆは、体が温まって心身ともにほっとします。大根は、真ん中の太いところがこの料理には最適。イカはだしを取るのが主な役目なので、エンペラや足だけでもいいそうです。

まず、昆布でだし汁を取っておきます。大根は皮をむき、5㎜厚さの半月切りにして下ゆでします。鍋に水、砂糖、酒、大根を入れて火にかけ、煮立ったら昆布ごとだし汁を加え、イカを入れます。アクを取り、しょうゆ、みりん、めんつゆで調味しますが、このときは少し薄すぎるかな、と思うくらいに控えておきます。次に電気コンロに移して弱火で煮込むと、ほどよい味加減に。イカは煮すぎないようにといわれますが、弱火でじっくり煮るせいか、やわらかいのが不思議。イカの代わりに、豚の三枚肉などでもおいしそう。

母のさもない暮らしの知恵

家事を段取りよくこなすために工夫していること、長年の経験で会得したことなど、さもないことですが、私なりの家事の知恵をご紹介します。（菊間）

●洗濯は汚れに応じて分別

洗濯機は全自動が便利だといわれますが、何もかも一緒くたでは気持ちが悪いような気がして、２槽式を愛用しています。まず上着を洗い、そのあとで下着類を洗います。靴下とたびの汚れは力を入れないと落ちないので、洗濯板を使って手洗い。汚れに応じて洗いわけたほうがきれいになるし、気持ちのいいものです。

靴下やたびは、昔ながらの洗濯板を使って手洗い。

●たびのおしゃれ

真夏を除いて、家でも外でもいつもきものを着ています。長年着なれているので、洋服より楽なくらい。きものはぜいたくしたらきりがないけれど、たびだけは足にぴったりでないと気持ちが悪いので、あつらえてもらっています。近ごろはたびを作る職人さんも減って新調するのも難しいようなので、手持ちのものを大事に使わなければなりません。家ではたびカバーをはいて汚れないようにし、よそいき用はちょっと奮発してクリーニングに出しています。おしゃれは足元からといいますが、のりのきいたまっ白のたびをはくと気持ちまで引き締まるようで、いいものです。

きものも洋服も、足元のおしゃれが肝心ですね。

●トイレのタオルにひと工夫

はるみのうちのトイレには小さなタオルが何枚も用意されていて、一度手を拭いたら洗濯かごへ入れるようになっています。うちもそうしたいのですが、わが家は昔ながらの家で手洗いのスペースも狭いので、写真のような工夫をしています。タオルの端と端を安全ピンでとめて輪にしておくと、拭く場所がかたよらず一枚をまんべんなく使い回すことができるので衛生的です。

タオルの端を安全ピンでとめて輪にします。

●食器洗いの鉄則

数年前台所を改装したとき、人にすすめられて食器洗い機を入れたのですが、結局一度も使っていません。機械ものは操作がややこしいし、ふたり分の食器くらいは手で洗ったほうが早いように思います。常識的なことですが、食器を洗うときには湯呑みや茶碗など、汚れの少ないものから洗います。はるみが子どもの頃、よく言って聞かせていたのは、「油もので汚れた食器をさげるときには、重ねずティッシュペーパーで拭き取ってから洗う」という鉄則。その上で、更に糸底（茶碗の底部分）はクレンザーをつけてみがくように洗うとさっぱりします。

食器は手で汚れを確かめながら洗いたい。

●雑巾こそきれいに

今どきの洋風の家ではあまり雑巾がけをしないそうですが、うちでは毎日してもらっています。雑巾はいい加減にしておくとますます汚らしく見えますから、きれいに洗ってきちんと干しておくことが大事。台所用、廊下用、敷居用などと場所別に分けておいて、ふき掃除のときにはそれらを濡らしてかたく絞ったものを、かごに入れて持ち運びます。そうすればバケツを持ち歩くこともないし、いちいち洗面所に戻って洗ったりする手間も省けます。

雑巾は何枚も用意して
かごに入れて持ち運びます。

●台所の収納

うちは台所のほかに保存食や大きな鍋釜をしまっておくスペースがあるので、それほど収納に知恵を絞ることはありません。商店街やスーパーも近いのであまりたくさん買いおきせず、冷蔵庫内もなるべくゆとりをもたせるようにしています。都会の人はなんでもかんでも冷蔵庫にしまうようですが、うちには茶の間と台所の仕切りをかねた食器棚があって、そこに常備菜やちょっと余ったごはんなどを陶器の蓋物に入れておいています。冷蔵庫に入れると味が落ちるものもあるので、こういうスペースがあると重宝します。

食器棚には常備菜も。
冷蔵庫に詰めすぎないよう。

●シーツもぴしっと

つい最近主人はベッドでやすむようになりましたが、私はたたみにふとんのほうが好きです。木綿わたの敷きぶとんを2枚重ね、のりのきいたシーツをぴしっと敷きます。シーツは上下がわかりやすいよう、枕側にシンプルな柄の入ったものが便利です。折り込むときもくちゃくちゃに押し込まず、きちんと折るとぴんと張れて気持ちのいいものです。清潔な寝具で熟睡すれば、早起きも苦にはなりません。

面倒がらずに手をかければ
その分気持ちいいもの。

●ぬか床の手入れ

主婦になってからかれこれ60年、ぬか漬けを欠かしたことがありません。きゅうり、にんじん、大根など、真夏以外は夜漬けておくと、朝ごはんのときにちょうどいい具合に漬かります。ぬか床は手入れを怠ると悪臭がしたりかびがはえたりしますので、常に清潔にしておくよう心がけています。朝と晩の1日2回、中身を漬けるときと取り出すときに底からよくかき混ぜ、容器の口や外側も専用のふきんできれいに拭きます。面倒なようですが、毎日の習慣になっているのでどうということはありません。夏はぬかの上にふきんをかぶせて保冷剤をのせておくと、発酵が進みすぎず腐敗防止にもなるようです。

真夏なら半日、ほかはひと晩漬けておくとほどよく漬かります。

ぬか床は朝と晩、一日２回はかき混ぜます。

夏はぬかの上に保冷剤をのせておくといいようです。

●愛用の調理器具

最近は便利な調理器具がいろいろ出回っているようですが、私にとっては使いなれたものがいちばん。今は夫婦ふたりなので炊飯器は1.5合炊きの小さいものを使用、一方青菜や乾麺をゆでるのには、やはり昔から使っている大鍋が手放せません。包丁は日本橋「木屋」のものを2、3本揃えています。ときどき研いでもらうので、いつまでも切れ味がよく気に入っています。

日本橋「木屋」の包丁。ときどき研いでもらいます。

1.5合炊きの小さな炊飯器で1合炊けば、ふたりには充分。

●ひと味足りないときに

調味料はごく普通の市販品を使っています。しょうゆ、砂糖、塩、酢、酒、みりんのほかに、うちではすし酢、白みつをよく使います。主人がすっぱいものが苦手なので酢の物には生酢のかわりにすし酢を使い、ときには白みつを加えることもあります。白みつは砂糖よりほかの調味料となじみやすくコクのある甘味が出るので、あえ物や酢の物などに重宝しています。煮物などちょっと味が足りないというときには、自家製のめんつゆのほか、市販のすきやきのたれや中国風スープなどを加えてみることも。市販の調味料も、味を見ながら自己流に使えば便利なものです。みそも特別なこだわりはありませんが、魚介類のみそ汁やなすのしぎ焼きなどには八丁みそ、サバのみそ煮には粒みそなど数種類を揃えておくと具合のいいものです。

八丁みそは、なすのしぎ焼きや貝類のみそ汁にぴったり。

しょうゆ、すし酢のほかに白みつも常備しています。

●取り寄せは代引きで

テレビや雑誌でおいしそうなものが紹介されていると、試してみたくなります。近頃は生鮮品でも宅配してくれるので、ほんとうに便利ですね。駿河湾の桜エビ、丹波の豆、静岡市のお茶など私もよく取り寄せをしますが、たいてい代引きで宅配してもらいます。電話で注文したら金額を確かめ、すぐぴったりのお金を封筒に入れ「○○の代金」と表書きして用意しておきます。そして私が留守をしてもわかるように、電話の脇の決まった場所に置いておきます。宅配の人が来てあわてておさいふを探したり、おつりの心配をさせたりしないよう、「お金は注文したらすぐ用意」を習慣にしています。

第四章

アジとごま。長寿を支えるふたつの素材

母の味といわれてまっ先に思い浮かぶのは、ごまをする母の姿です。朝ごはんのごま汁、おやつのごまだんご、晩ごはんのごまあえ、ごま煮など、今も昔も母はほとんど毎日のようにごま料理を作っています。それと並んでよく登場したのはアジ。母が小さいころは肉が貴重だったこともあって、ひき肉の代わりにアジをミンチにしてそぼろやコロッケを作ったと聞きますが、アジをよく使うのも、下田という土地柄ならではのことでしょう。ふたりの長寿と健康の秘訣は、と聞かれて思い当たるのは、このふたつの素材です。あとは野菜、海草、豆、魚、米など、昔ながらの日本の伝統的な食材を3食きちんと腹八分めに食べているだけ。当たり前といえば当たり前の、だからこそ見なおしたい食生活です。毎日のごはんを、ふたりなかよくおいしく食べることが何より大切なんだなあと、つくづく思うこのごろです。

鰺

干物から、そぼろ、刺身まで、アジは下田の暮らしに欠かせない素材です。

下田の家庭の食卓にもっともよく登場する魚といえば、やっぱりアジでしょう。まず朝の干物。一年三百六十五日、これがなければ一日が始まらないという人も少なくありません。干物にはマアジとムロアジの2種類があって、それぞれのおいしさがあるのですが、地元の人が好むのはムロアジのほう。マアジほど脂がのりすぎず、身がしまっていて、私も大好き。よく母から送ってもらっています。じつは、母自身はアジがあまり好きではありません。青魚特有の生臭さが苦手で、煮たり焼いたりしただけではすませず、酢じめやつみれ、そぼろなどに工夫します。しょうがやみそをにおい消しに使い、ていねいに下ごしらえすると、魚ぎらいの人にも好評です。

ムロアジ、マアジそれぞれのおいしさがあります。

今も昔も、アジは下田の代表的な庶民の味。

銀色に輝く新鮮なアジの刺身とたたき。

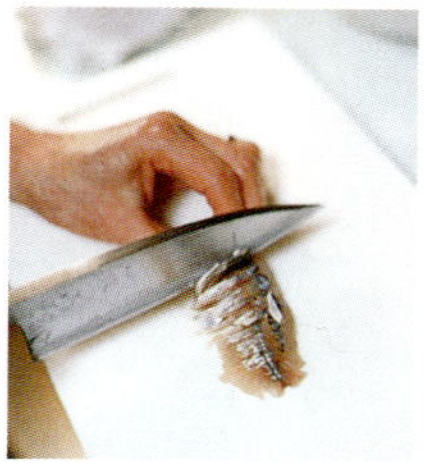

①アジは小ぶりのものを3枚におろし、たたく。

②出刃包丁の重みを利用して、リズミカルに。

③途中でしょうがとみそを加え、さらにたたく。

④材料が均等に混ざるよう、ねっとりするまでたたく。

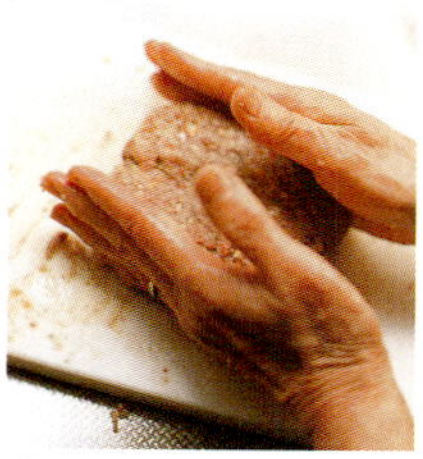

⑤ひとまとめにし、厚さ2㎝ほどの四角に形を整える。

⑥味がしみ込みやすいよう、深めに切り込みを入れる。

⑦甘酢は、すし酢に白みつを足して甘口に調味する。

⑧⑥をたっぷりの甘酢に漬け、冷蔵庫で充分に冷やす。

アジのたたきの酢の物

下田以外では珍しいらしく、お客さまにも好評なおしゃれなアジ料理。まず小ぶりのアジを3枚におろし、包丁でたたきます。出刃包丁の重さを使って、リズミカルにたたくのがコツ。しょうがのみじん切り、みそを加えてねっとりするまでさらにたたきます。これをひとつにまとめて2㎝ほどの厚さの丸か四角に形を整え、甘酢がしみやすいよう、縦横に包丁で切り込みを入れます。これを甘酢に漬けます。たたきにみそが入っているので、酢加減は、市販のすし酢に白みつを足したくらいの甘めがおいしいとか。朝作って冷蔵庫に入れておくと、夕飯時には、外側が白く中がピンク色と、ちょうどいい食べごろになります。針しょうがを天盛りにし、甘酢ごとスプーンで取り分けていただきます。たたいたアジのねっとりした食感と冷たい甘酢があいまって、絶妙の味わい。父の晩酌がすすむのも、うなずけます。

①アジは3枚におろし、皮をむく。

③アジはフードプロセッサにかけ、ミンチにする。

⑤アジを入れ、粒がきれいに揃うようによく混ぜる。

②しょうが、玉ねぎはみじん切りにする。

④油をなじませた鉄鍋で、玉ねぎ、しょうがを炒める。

⑥味見しながら砂糖、しょうゆ、みそで調味する。

アジのそぼろ

このそぼろも、祖母のころからよく作っていた常備菜。アジは3枚におろし、フードプロセッサにかけ、ミンチ状にします。包丁でたたいてすり鉢ですってもいい。玉ねぎとしょうがはみじん切りにします。鍋に油を熱し、玉ねぎとしょうがを炒め、アジのミンチを加えてから、砂糖、しょうゆで調味し、みそも入れます。見た目はひき肉のそぼろそっくり。みその風味で魚臭さが消え、ごはんにのせて食べると、お代わりしたくなるおいしさです。紅しょうがを添えると彩りもよく、味も引きしまってますますおいしい。炒り卵と2色にすると、子どもが喜びます。母が小さかった頃、祖母はひき肉の代わりに魚のそぼろでロールキャベツを作ったこともあったとか。アジなど身近な魚を使って、何とか子どもの喜ぶ肉料理風に作ろうと工夫した、祖母の知恵がしのばれます。どこでも肉が手に入るようになった今日でも、魚のそぼろは肉とは違った味わいがあって、これも捨てがたい常備菜だと思います。

早朝の下田漁港。まもなくせりが始まります。

近所の魚屋「鈴与」さんで。長年のおつきあいです。

①アジは3枚におろして皮をむき、包丁でたたく。

②①をすり、みそ、砂糖、酒を加えて調味。

③②をよくすり混ぜ、平たい小判形にまとめる。

④薄味に調えた煮汁で③と⑥を煮て、汁ごといただく。

⑤なすの皮をまだらにむく。見た目にもきれい。

⑥なすは、食べやすい大きさに切って下ゆでを。

なすとアジのつみれ汁

母は「出会いもの」という言葉をよく使います。相性のいい素材同士といった意味でしょうか。なすとアジもその一例で、下田の夏のおそうざいに、アジの身をたたいてすり鉢ですり、なすと一緒に煮た「アジのすり流し」というのがあります。それをリクエストしたのですが、母は「いつも同じものじゃ能がないから」と、ちょっと趣向を変えたつみれ汁を作ってくれました。アジは3枚におろして身を包丁でたたき、すり鉢ですり、みそ、砂糖、酒で調味してから片栗粉少々を加えてよく混ぜ、平たい小判形に丸めます。それをだし汁にしょうゆ、みりんで薄めに味をつけたたっぷりの汁で煮ます。なすは皮をまだらにむき、切り込みを入れて、一度下ゆでします。そうすれば、「見た目もきれいだし、味もよくしみるから」と母。それをつみれを煮ている鍋に入れ、一緒に煮ます。味が足りないようならみりん、酒、しょうゆなどを加えて調味してでき上がり。アジから出ただしがなすにじんわりしみて、そのおいしいこと。新鮮なアジが手に入る下田ならではの、母の新作です。

①アジは、フードプロセッサでミンチにしたらすり鉢へ。

②卵を加える。とき混ぜてから加えてもいい。

③砂糖、酒、におい消しにみそ少々を加える。

④調味料を加えるたびに、よくすり混ぜる。

⑤にんじん、玉ねぎをみじん切りにして加える。

⑥しゃもじにすり身をのせ、半分くらい箸でつまむ。

⑦⑥を揚げ油に入れ、きつね色になるよう揚げる。

アジのさつま揚げ

数あるアジ料理の中でも、これは下田の実家でしか食べられないとっておきといっても言いすぎではないでしょう。新鮮な素材とていねいな調理ならではのおいしさ、食感は母の味ベスト3に入れたいほど。アジは3枚におろしてフードプロセッサでミンチにし、さらにすり鉢に移してすり混ぜます。新鮮なアジは弾力があってすりこ木を回す手にも力が入ります。卵、砂糖、酒、みそ少々を順に加え、その都度なめらかになるまでよくすり混ぜます。にんじんと玉ねぎをみじん切りにし、すり鉢に加え、生地になじませます。揚げ油を熱し、しゃもじに生地をのせて、半分くらいを箸でつまむようにして入れます。きつね色にからっと揚げてあつあつをほおばると、ふわふわとしていてびっくり。新鮮なアジをていねいにすったからこその食感でしょう。冷めると身がしまってしこしこして、それもまたおいしい。そのままでもいいのですが、これにウスターソースをつけて食べるのが父の好みです。

ごま

朝のごま汁から晩のごまあえまで、母は、毎日のようにすり鉢でごまをすります。

実家の台所と茶の間を隔てている柱には、小さな傷があります。母がごまをするとき、すり鉢が動かないようその柱に押し当ててするので、長年の間に傷がついたのです。母はそれほど毎日毎日ごまを炒って、すりごま、ねりごまを作り、ごまあえ、ごま煮、ごま汁を作っています。下田ではその昔、ごまを売りに来る農家の人がいたとか。母はその人から買ったごまを水につけておき、浮いたものは取り除き、沈んだものだけざるに上げ、縁側に広げて干して洗いごまを作ったといいます。今は市販の炒った白ごまをスーパーで買っているようですが、それでもする前に軽く炒って香りを出してから、一生懸命すって使っています。

ごますりの定位置。すり鉢の当たる柱に傷が。

①ゆですぎないよう、根元のほうをつまんで確かめる。

②水にとって水気を絞り、しょうゆをまぶす。

③②を均等に切ってから、軽く汁気を絞る。

④すりごま、砂糖をすり合わせ、めんつゆで調味。

⑤③をすり鉢に入れて、手でさっくりと混ぜ合わせる。

ほうれん草のごまあえ

「ほうれん草のごまあえは単純な料理だけに気が抜けない。たかがほうれん草、されどほうれん草といったところだね」と、母は言います。まずほうれん草はゆですぎないことがポイント。たっぷりの湯で手早くゆでて水に取り、水気を絞ったらしょうゆをまぶして下味をつけます。それを均等に切って、汁気を絞ります。このときも指のあとが残るほどきつく絞ってはいけません。その加減が〝されど〟なのです。あえ衣はすりごまに砂糖を加えてすり混ぜ、自家製めんつゆで甘口に調味、下味にしょうゆを使ったので、ここではしょうゆは使いません。その代わりというか、しょうがのしぼり汁少々を加えて味を引き締めます。ほうれん草をすり鉢に入れて、手でさっくりと混ぜ合わせればでき上がり。しっかりと下味のついたほうれん草が、まったりとした濃厚な衣に合わさると、力強い味が生まれます。たかがほうれん草とは思えない充実した一品です。

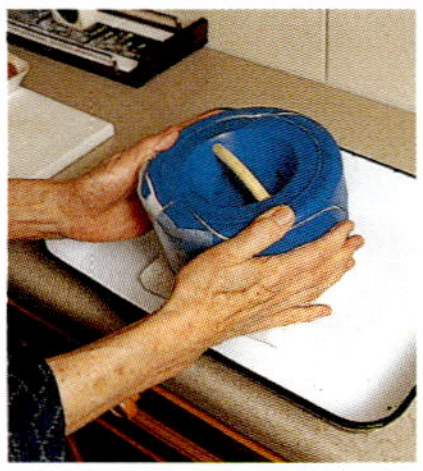

①豆腐をふきんに包み、重しをのせて水きりをする。

②にんじんは、大きさを揃えて拍子木に切る。

③だし汁、砂糖、塩、自家製めんつゆで、色よく煮る。

④こんにゃくもにんじん同様に切り、下ゆでして煮る。

⑤ごまをねっとりするまですってから、豆腐を加える。

⑥具が冷めたら、すり鉢に加えてさっくりとあえる。

白あえ

白くてなめらかなあえ衣、端正に切り揃えられた具。素材の分量、調味のあんばいが憎らしいほどぴったりで、母の白あえには感動します。おいしさの秘訣その1は、「豆腐とごまのバランスにあるようです。木綿豆腐半丁（200g）に対してごま半カップが目安。ごまは炒ってからすり鉢でねっとりするまでよくすり、水きりした豆腐を加えます。砂糖、酒、塩を加え、クリーム状になるまでさらによくすります。具のにんじんとこんにゃくは大きさを揃えて切り、こんにゃくは下ゆでします。秘訣その2は、具の味つけ。衣と合わせたときに味が完成するよう、「ぼんやりと頼りない味ではだめだけれど、一歩ひいた控えめな味」になるよう、だし汁、砂糖、塩、自家製のめんつゆで煮ます。さやいんげんは、色よくさっと塩ゆでにして細切りに。具が冷めたら汁気をきってすり鉢に加え、さっくりとあえます。器に盛り、ゆずのせん切りをあしらいます。「豆腐とごま、具と衣の絶妙なバランス、その名のとおり白く品格のあるたたずまい、こまやかな心遣いが箸先にまで伝わります。

名前のとおり、白くきれいにし上げなきゃね。

切り干し大根のごま煮

母は野菜だけでなく、ひじきや切り干し大根などの乾物の煮物にもごまを加えて、ごま煮にします。普通の煮物に飽きたときなど目先が変わって箸がすすむし、コクがあるので若い人にもおすすめです。切り干し大根は、砂糖少々を加えた水につけて戻します。砂糖を入れるのは、大根の甘味を引き出すためのようです。戻したらつけ水ごと鍋に移し、だしパックを入れて火にかけます。つけ水をそのまま使うためにだしパックを使うとは、なるほど便利。大根がやわらかくなったら、砂糖、しょうゆで調味しますが、はじめは控えめの味つけに。「はじめから濃い味で一気にやっつけようとしてもだめ」と母。じっくり煮ているうちにおいしそうなこはく色になる、それが煮物のこつだそうです。煮ている間にごまをすります。ねっとりするまでよくすったら、煮汁を適量加え、すり鉢の筋目に入ったごまを洗うように混ぜて、鍋に戻し、ひと煮します。

かき菜のごま汁

8ページでご紹介した豆腐のごま汁はみそ汁にすりごまを加えたものですが、これは煮びたしにごまのコクをプラスしたようなもの。かき菜は、実家のお雑煮にも使う高菜に似た青菜で、旬は冬。ちょっとアクのあるところが、ごま汁にぴったりです。かき菜は、前の晩にゆでて水につけておきます。ごま汁はこくがあるので、ベースに使うのは二番だしで充分。酒、砂糖、しょうゆ、自家製めんつゆで調味して火にかけ、食べやすい大きさに切って、水気を絞ったかき菜を入れます。少し煮ている間にごまをすります。かき菜の煮汁をすり鉢に適量加えて、すりごまとよく混ぜ合わせてから鍋に移します。それからしばらく弱火で煮ます。かき菜の色は悪くなるけれど、これがおいしい。汁をたっぷり含ませたかき菜をごはんにのせればおかずになるし、体の温まる汁物としても、おすすめできます。

①かき菜はあくが強いので、ゆでてひと晩水につける。

②かき菜は幅を2等分してから、適当な大きさに切る。

③二番だしに酒、砂糖、しょうゆ、めんつゆを加える。

④ごまをする。分量の目安は、1人前が大さじ1強。

⑤かき菜の煮汁をすり鉢に入れてすり、ごまと混ぜる。

⑥煮汁で溶いたすりごまを、残らず鍋に加える。

⑦ごまを加えた煮汁でしばらく煮る。

子どもは親の背中を見て育つといいますが、娘のはるみに、料理に関することでは何ひとつ教えたことはありません。ただ、煮物や汁物ができたときには台所に呼んで、必ず味見をさせた覚えはあります。それだけのことで舌が鍛えられたとも思えませんので、今日のように人さまに料理を教えるようになったのは、はるみ自身が苦労し努力した結果であろうと思っています。親に言えない苦しいこともいろいろあったでしょう、それを乗り越えて今のはるみがあるのだと思うと、精一杯ほめてやりたい気持ちで一杯です。

私の母は昔の人にしては料理の上手な人ではありました。それに加えて私自身も自分なりのおいしさを発見しようと努めてまいりました。切り干し大根でもひじきでもごまあえでも、自分らしい味、私でなければ出せない味を目標に、一食一食を大切に作っていきたいと思っております。今回の出版にあたり、素人の私にお力をお貸しくださった板倉久子さんと関係者の皆さまのご厚情に、感謝の気持ちを捧げます。そしてこれからも娘のはるみを、どうぞよろしくお願い申し上げます。

菊間博子

自分らしい味、私でなければ出せない味を目標に一食一食を大切に作っていきたいと思います。

菊間博子（きくま ひろこ）
大正11年、静岡県下田市生まれ。生家は米、みそ、しょうゆ、酒などを扱う商家だった。昭和17年、結婚。昭和19年に長男誕生、昭和22年に長女はるみ誕生。昭和24年より夫・菊間平五氏とともに「下田印刷」を開業。その毎日の暮らしの中でていねいに続けている料理を『栗原はるみ すてきレシピ』に「覚えておきたい母の味」として連載。読者から好評を得た。

栗原はるみ（くりはら はるみ）
料理やお菓子のアイデアあふれるレシピが、幅広い年齢層から絶大な支持を得て人気の料理家。そのセンスのよさは料理だけでなく、暮らし全体を楽しむ提案者としても注目を集めている。活躍の場はテレビ・雑誌にとどまらず、生活提案型のレストラン＆ショップ「ゆとりの空間」や「栗原はるみ」ショップをプロデュース、オリジナルの食器やキッチン雑貨、インテリア小物、エプロン、ホームウエアなどを展開している。著書はいずれもベストセラー。

覚えておきたい母の味

構成・文
板倉　久子

アートディレクション＆デザイン
坂本　浪男（アクシャルデザイン）

撮影
工藤　雅夫（表紙・本文）
長嶺　輝明（本文）

筆文字
菊間　博子

校閲
オフィス・エウレカ

編集部担当
板橋　華子

企画
坂口　明子

平成15年3月10日　初版第１刷発行
平成22年4月10日　　　第10刷発行

著　者　栗原はるみ　菊間博子
発行者　久保田榮一
発行所　株式会社　扶桑社
〒105-8070　東京都港区海岸１-15-１
編集☎03-5403-8882
販売☎03-5403-8859
http://www.fusosha.co.jp
印刷・製本　凸版印刷株式会社

ISBN4-594-03901-4　C0077